Weg

Stücke

Zusätzliche Erläuterungen für das Fach Katholische

Religionslehre

von Axel Burghausen

Weg

Stücke

Zusätzliche Erläuterungen für das Fach Katholische

Religionslehre

von Axel Burghausen

© 2021, Axel Burghausen
Herstellung und Verlag: BoD – Books on Demand, Norderstedt
ISBN: 9783754333020

Inhalt

Nachtrag

Ein Buch mit einem Nachtrag beginnen? Nein, dieses Buch ist der Nachtrag. Als ich meine fünf Erläuterungsbände zu meinem Religionsunterricht in der Oberstufe verfasste, fielen mich einige Themen geradezu an, Themen, die ich nie unterrichtet habe, die aber nach meiner Einschätzung meine Schüler auch interessiert hätten. Einige dieser Themen haben ihren Standort möglicherweise in Jgst. 10, am Ende der Sekundarstufe I. Ich habe sie lose zusammengebunden mit dem Symbol des Weges und der Frage nach dem Glück bzw. einem gelingenden Leben.

Als ich meinem Band „Salzes Geschmack" das Buch Jona hinzugefügt habe, fiel mir auf, dass es weitere Lehr-Literatur im AT gibt, die Stationen in der Entwicklung der menschlichen Persönlichkeit skizziert und Hilfestellungen leistet. Was nötig ist, um sich zu einem Erwachsenen zu entwickeln, zeigt das Buch Tobit im Rahmen einer märchenhaften Erzählung. Auch das Hohelied, eine Sammlung von Liebeslyrik, gehört zu den Werken der Weltliteratur, erschließt aber zugleich, dass die Bibel ein deutlich entkrampfteres Verhältnis zu Liebe und Sexualität aufweist, als die Kirche es oft wahrhaben möchte.

Den Buddhismus habe ich unter dem Aspekt der Reinkarnation kurz im Band „Tod im Leben – Leben im Tod" angesprochen. Ebenso wie der Hinduismus wird er in der Regel in Jgst. 10 unterrichtet. Beide Religionen sollen hier noch einmal aufgenommen werden. Dabei geht es mir nicht um exotische Kulte oder spezifische Götter, auch nicht um die verschiedenen Richtungen dieser Religionen und ihre Geschichte. Ich möchte einerseits die spezifische Art, in der östlichen Tradition zu denken und zu fühlen, verdeutlichen, andererseits aber auch Hinweise geben, wie wir als Menschen im Westen von ihr lernen können.

Als ich im Band „Wie mich selbst?" die bioethischen und sozialethischen Konfliktfelder darstellte, fragte ich mich, warum das Thema Sexualität in der Oberstufe keine Rolle spielt. Schnell fand ich auf diese Frage drei Antworten: Das Thema ist vor allem in der Zeit der Pubertät aktuell, es wird außerdem teilweise von anderen Fächern übernommen. Der dritte Grund ist blamabler: Die katholische Kirche hat seit Längerem nichts Nennenswertes zu der Thematik zu äußern, was die Menschen wirklich beträfe. Fast symbolisch erscheint es mir, dass der Moraltheologe Eberhard Schockenhoff, der Überlegungen zu einer veränderten Einstellung veröffentlichen wollte, verstorben ist, bevor er die konkreten Kapitel seines Buches „Die Kunst zu lieben" formulieren konnte. So sehr die Sexualität die Mitte menschlichen Lebens betrifft, so wenig Materialien stehen für ältere Schüler zur

Verfügung. Ich versuche hier, zumindest eine Richtung aufzuzeigen, und werde das Hohelied in meine Überlegungen mit einbeziehen.

1 Unterwegs mit einem „Engel" (das Buch Tobit)

1.1 Tobit – die freudlose Seite der Anständigkeit
Grundlage: Tob 1,3- 3,6; 4

Das Buch Tobit – wohl etwa um das Jahr 200 v. Chr. entstanden – ist eine Lehrerzählung. Es ist nur in griechischer Sprache überliefert, weshalb es für die evangelische Kirche nur zu den apokryphen (nicht zum Kanon der Bibel zählenden) Schriften gehört. Es gilt aber als sicher, dass ursprünglich eine semitische Urfassung bestand. Die dargestellte Handlung geht zwar auf das 8./7. Jh. zurück, hat aber keine historische Grundlage. Überhaupt scheint der Autor nur ungenaue historische und geographische Kenntnisse besessen zu haben. Seine Angaben zu Königs- und Städtenamen bilden nur den assoziativen Rahmen, innerhalb dessen sich die eigentliche Handlung vollzieht.

Als Erzählung von Gott und von den Menschen ist das Buch Tobit auf unterschiedlichen Ebenen interpretierbar. Einerseits wird die Situation der Juden in der Diaspora (Zerstreuung) reflektiert. Im 3./2. Jh. gab es vielfältige jüdische Gemeinden in einer hellenistischen Umgebung. Die Auseinandersetzung mit der fremden Kultur, die Frage nach der eigenen Identität, das Alltagsleben zwischen Anpassung und Beharrung bildeten den Fragehorizont des Textes. Gleichzeitig wird aber auch ein Lebensweg dargestellt: die Entwicklung eines jungen Mannes zur reifen, selbstständigen Persönlichkeit. Diese Entwicklung wird in Form einer Reise erzählt, wobei symbolische, märchen-hafte, z.T. auch parodistische Stilmittel benutzt werden. Das Buch Tobit zeigt also den Individuationsprozess eines Menschen und liefert damit ein Vorbild für die Entwicklung der Schüler.

Die ersten Kapitel des Buches werden von Tobit in der Ich-Form erzählt. Früh Waise geworden, wurde er von seiner Großmutter erzogen. In einer Zeit religiöser Lässigkeit lernte er, die Vorschriften des jüdischen Gesetzes einzuhalten. Als das Nordreich Israel von den Assyrern erobert und die Oberschicht ins Exil verschleppt wurde, musste auch Tobit das Heimatland verlassen und nach Ninive ziehen. In einer Umgebung, die noch weniger dazu anregte, jüdischen Sitten treu zu bleiben, lebte er weiterhin nach seiner religiösen Tradition. Die Art, wie er seine Bemühungen schildert, lässt vermuten, dass er seine pflichtvergessenen Glaubensbrüder verachtete. Umgekehrt machten diese sich über ihn lustig. Auf Grund seiner Tüchtigkeit hatte Tobit zunächst beruflichen Erfolg in der neuen Umgebung, geriet aber schnell in Konflikt mit den gesetzlichen Bestimmungen der Herrscher. Er missachtete ein Verbot, tote Juden zu bestatten, und musste vor einem drohenden Todesurteil fliehen. Begnadigt kehrte er wieder zurück, erblindete aber als Folge einer Handlung, in der er ebenfalls seinen religiösen Pflichten nachkam. Gerade seine Gesetzes-treue hat ihn also in eine Sackgasse geführt: in die äußerste Passivität, Begrenzung und Verarmung durch seine Blindheit sowie die gesellschaftliche Ausgrenzung. Sein Misstrauen wendet sich schließlich sogar gegen seine Frau Hanna, die er fälschlich beschuldigt, gestohlen zu haben.

Tobit schildert sich also als vorbildlichen Juden, ja als vorbildlichen Menschen, den ebenso wie Ijob ein unverdientes Unglück traf. Man könnte auch in seinem Fall darüber nachdenken, warum das „blinde" Schicksal Gerechte nicht vor Unfällen verschont. Kümmert sich Gott nicht um seine Verehrer? Es bleibt aber ein fader Beigeschmack, der sich nicht nur daran entzündet, dass Tobit sich selber lobt. Auffällig ist bei genauerem Hinsehen nicht, was er sagt, sondern was er nicht sagt. Tobit ist so sehr in seine Gesetzestreue verwickelt und so sehr darauf konzentriert, dass er sich von seinen Mitmenschen positiv abhebt, dass er vergessen hat zu leben. So ist es kein Zufall, dass ihm gerade das Bestatten der Toten ein besonderes Anliegen ist. Sie stehen ihm näher als die Lebenden. Und wenn es gilt, einen Toten zu bestatten, verschiebt er festliche Mahlzeiten und das Zusammensein mit seiner Frau und seinem Sohn Tobias. So wird er selber zum noch lebenden „Toten" und die Verzweiflung reißt ihn dazu hin, sich von Gott den endgültigen Tod zu wünschen. So wie er aber auch zunehmend blind für die Bedürfnisse der Familie wird, schlägt ihn die tatsächliche Blindheit. Als er Tobias verabschiedet, der von einem früheren Freund dort hinterlegtes Geld holen soll, gibt er ihm unzählige Ermahnungen für das Verhalten gegenüber Gott und den Menschen auf den Weg, ohne zugleich Ratschläge für das Wohlergehen des Sohnes zu geben oder ihn emotional anzusprechen. Es scheint fast so, als wolle er die eigene Freudlosigkeit an den Sohn weitergeben.

1.2 Sara – Die Fesseln primärer Bindung
Grundlage: Tob 3,7-15

In der entfernt liegenden Stadt Ekbatana (im Nordwesten des heutigen Iran) lebte die Familie Raguëls. Dessen Tochter Sara war bereits sieben Mal verheiratet, doch unter dem Einfluss eines Dämons starben die Männer schon jeweils vor der Hochzeitsnacht. Sara wird daher als männermordender Vamp angesehen, selbst von ihrer Dienerin verachtet und verspottet. Sie selbst ist verzweifelt, da eine Frau ohne Mann und Kinder als eine verlorene und sinnlose Existenz angesehen wurde. Sie überlegt, ob sie Selbstmord begehen soll, entscheidet sich aber dagegen, weil sie sonst ihrem Vater noch mehr Kummer bereiten würde. (Die ebenfalls noch lebende Mutter wird hier nicht erwähnt.)

Stattdessen betet sie zu Gott, er möge ihr Leben beenden oder Abhilfe schaffen.

Das phantastische Motiv des Dämons, der erst besiegt werden muss, bevor die „Prinzessin" geheiratet werden kann, ist uralt und resultiert wohl aus der Angst der Männer, die sich nicht er-klären können, was beim Geschlechtsakt mit ihnen geschieht: die nicht kontrollierbare Lust, bei der ihnen „Hören und Sehen" vergeht, das ekstatische Gestöhn der Frau sowie deren Fähigkeit, neues Leben zu schenken, aber auch den Tod herbeizuführen. Dennoch ist auch eine weniger märchenhafte Interpretation denkbar, dass nämlich die Männer nicht umgebracht wurden, sondern lediglich für sie „gestorben" sind, sie verlassen haben, bevor es richtig losging.

Sara sagt in ihrem Gebet, dass sie „von jeder Unreinheit mit einem Mann" frei sei und den Namen ihres Vaters nicht befleckt habe. (Tob 3,14f.) Dieser Formulierung kann man entnehmen, dass sie sich davor fürchtet, sich auf eine sexuelle Handlung mit einem „fremden" Mann überhaupt erst einzulassen. Sie ist innerlich nicht bereit, das Vaterhaus zu verlassen und eine Ehe zu vollziehen. Das müssen die Männer gespürt haben. Diese Frau ist – bei allen evtl. Vorzügen – nicht diejenige, die eheliches Glück verheißt.

Auffällig ist auch, dass ihr Vater Raguël immer schon während der Nacht ein Grab für die Ehemänner ausschaufelt, um zu verhindern, dass das Unglück bekannt wird. Er macht sich also zum „Spießgesellen" seiner Tochter. Es scheint wohl die unterbewusste Vaterbindung der Tochter zu sein, die sie hindert, sich zur erwachsenen Frau zu entwickeln, und ebenso die Bindung des Vaters an die Tochter, der nicht bereit ist, sie loszulassen, obwohl er jeweils in die Heirat eingewilligt hatte.

Das Schicksal Tobits und dasjenige Saras werden in dem Buch parallel strukturiert. Beide sind „für diese Welt zu gut", sie sind nicht bzw. nicht mehr lebensfähig, haben sich in eine Sackgasse hineinmanövriert. Beide beten zur gleichen Zeit zu Gott, und Gott erhört ihr Gebet, indem er das Geschick beider miteinander kombiniert. Tobits Sohn Tobias soll die Erlösung bringen, angeleitet vom Engel Rafaël (Gott heilt), der sich allerdings als Mensch ausgibt. (Tob 3,16f.) Tobias entwickelt sich dadurch zum erwachsenen Mann.

1.3 Tobias – Dem Lebenstrieb eine Richtung geben
Grundlage: Tob 6-7

Die Geschichte des Tobias ist nach dem Muster eines alten Märchenmotivs gestrickt: Ein kranker König sendet seinen Sohn, damit er ihm ein Heilmittel erwirbt, das nur sehr schwer zu finden ist. Auf dem Wege besteht der Königssohn vielfältige Abenteuer und befreit eine Prinzessin, die von einem Unhold gefangen gehalten wird. Er kommt mit ihr und dem Heilmittel zurück, heiratet die Prinzessin und heilt seinen Vater. Dieses Motiv verdeutlicht auch den Generationenwechsel. Der junge Mann, für den bisher immer gesorgt wurde, lernt nun, auf eigenen Füßen zu stehen und übernimmt die Initiative, zu der sein Vater nicht mehr in der Lage ist.

Tobit ist kein König und er sendet seinen Sohn nur, um Geld zu holen. Dieser kommt aber mit Frau und Heilmittel (und dem Geld) wieder zurück.

Am Fluss Tigris, der mit dem Euphrat zusammen das fruchtbare Zweistromland (heute Irak) umgrenzt, wird Tobias in der Nacht von einem großen Fisch angegriffen, der ihn zu verschlingen droht. Nach dem ersten Schreck packt er auf den Rat des Engels hin den Fisch, überwältigt ihn und bringt ihn an Land, wo er wehrlos ist. Die Organe des Fisches (Galle, Herz und Leber) werden herausgeschnitten, um später in unter-schiedlicher Weise als Heilmittel zu dienen. Der Rest des Tieres wird verzehrt.

Wer sich auf den Weg macht und sich auf das Leben einlässt, muss vielfältige Herausforderungen bestehen. Manchmal erscheinen sie so riesengroß, dass sie den Menschen zu verschlingen drohen. Doch angepackt, schrumpfen sie auf ihre wahre Größe. Was uns zu verschlingen drohte, wird nun selber verzehrt. Der Autor spielt hier parodistisch auf die Jona-Geschichte an. Jona, der gerade nicht initiativ werden möchte, wird verschlungen und wieder ausgespien. Tobias übernimmt selbst die Initiative.

Wichtig ist, dass der junge Mann diese Aufgabe alleine erfüllt, sein Begleiter berät ihn nur. Tobias hat von seinem Vater alles gelernt, was er wissen musste, nur nicht, auf eigenen Füßen zu stehen. Und mindestens seine Mutter versuchte, ihn in diesem Zustand zu halten (Tob 5,18-20). Ihr Argument, das Leben ihres Sohnes sei mehr wert als das Geld, das er holen soll, überzeugt zunächst. Ihn immer vor Gefahren zu schützen, bedeutete aber, ihn an seiner Entwicklung zum Mann zu hindern. Tiefen-psychologisch könnte man die nächtliche Gefährdung durch den Fisch auch als außerordentlich starke Konfrontation mit der eigenen Sexualität verstehen. Diese innere Gefahr aus dem Wasser an Land geworfen zu haben, bedeute dann, den Trieb mit Hilfe des Verstandes, des eigenen Willens „gebändigt", ihn in vernünftige Bahnen gelenkt zu haben. Diese Fähigkeit zu einer bodenständig zielgerichteten Sexualität ist aber die wichtigste Voraussetzung, um jegliche Angst vor dem Trieb – auch bei Sara – zu überwinden. Herz und Leber des Fisches stehen dabei für die gewonnene Erfahrung des jungen Mannes, die er in die Partnerschaft einbringt und die ihn vertrauenswürdig und liebenswert macht.

Rafael ist es in der Geschichte, der das Ziel der Reise umlenkt. Das Geld, das geholt werden soll, wird zur Nebensache, die schließlich vom Engel erledigt wird. Tobias' Ziel richtet sich nun darauf, Sara für sich zu gewinnen. Da es sich um eine entfernt Verwandte handelt, kommt er dabei dem Endogamiegebot nach, der Forderung, innerhalb der eigenen Sippe zu heiraten und damit an den religiösen Traditionen festhalten zu können. Vom Engel beraten, vermag er, seine Ängste und Besorgnisse zu überwinden, sucht Raguël auf und bittet ihn um die Hand seiner Tochter. Dass er erst den offiziellen Ehevertrag schließen möchte, bevor er zu einem ausgiebigen Willkommensmahl bereit ist, zeigt, wie ernst es ihm mit dieser Verbindung ist. Auch Sara kann daran erkennen, dass dieser Mann nicht einem leichtfertigen Impuls erlegen ist. Der heutige Leser wird sich an der völligen Passivität Saras stoßen, die in den Entscheidungsprozess ihrer Eheschließung nicht einbezogen wird. Das entsprach damals der patriarchalen Gesellschaftsstruktur. Doch schließt das nicht aus, dass sie innerhalb der Ehe als gleichberechtigte Partnerin angesehen werden konnte.

1.4 Tobias und Sara – Gemeinsamkeit der Befreiung
Grundlage: Tob 8; 11,1-15

Die Eheleute ziehen sich in ihr Brautgemach zurück. Um den Todesdämon zu verbannen, verbrennt Tobias zunächst Herz und Leber des Fisches. Der so entstehende Gestank sollte – so die antike Vorstellung – auch für Dämonen unerträglich sein.

Symbolisch betrachtet, heißt es aber auch, dass Tobias seine Erfahrung als erwachsener Mann in diese Verbindung einbringt und bereit ist, sich ganz auf seine Frau einzulassen. Aber auch ein gemeinsames Gebet schiebt sich noch vor den sexuellen Vollzug der Ehe. Gott wird gleichsam in diese Beziehung mit hineingenommen. Es wird darauf verwiesen, dass von der Schöpfung her Mann und Frau zusammengehören, und Gott wird um ein Gelingen dieser Ehe gebeten. Tobias bekennt, dass er Sara nicht aus reiner sexueller Gier zur Frau genommen hat, sondern dass er sie wirklich liebt. Seine Besonnenheit, das Verbrennen der Organe und das Gebet, zeigen auch Sara, dass es diesem Mann nicht nur „um das Eine" geht, sondern dass er sie mit ihrer ganzen Person annimmt. Jetzt kann sie sich auch ohne Angst auf die geschlechtliche Vereinigung einlassen, der Dämon ist gebannt. Den heutigen Leser stört die weitgehend passive Haltung der Frau, die wohl den damaligen gesellschaftlichen Verhältnissen entsprach. Ihr „Amen" zeigt aber die Zustimmung zu den Worten ihres Mannes und charakterisiert das Gebet als gemeinsam verrichtet. In ihrer Ehe wird die Stimme der Frau nicht zu kurz kommen.

Saras Vater Raguël aber misstraute den Launen des Geschicks und ließ auch in dieser Nacht heimlich ein Grab für den Bräutigam ausgraben, das dann wieder zugeschüttet werden muss. Nach wie vor fällt es ihm schwer, sein einziges Kind ziehen zu lassen, und deshalb richtet er ein besonders langes Hochzeitsfest aus, um Sara noch einige Zeit bei sich zu halten.

Was dann folgt, ergibt sich fast von selbst. Tobias benutzt – wieder von Rafaël beraten – die Galle des Fisches, um Tobits Augen zu heilen. Das entsprach den Kenntnissen der damaligen Heilkunde. Die Galle hat eine ätzende Wirkung, die die Fremdkörper, die das Auge befallen haben, auflöst, so dass man sie mit den Händen abschälen kann. Die Lebenserfahrungen des erwachsenen Sohnes helfen seinem alten Vater, wieder das Licht zu sehen. Er wird von seiner Depression befreit und lernt, sich ausgelassen zu freuen und zu feiern. Tobias aber setzt mit seiner Familie die Tradition seines jüdischen Stammes fort. So ermutigt das Buch Tobit die jüdischen Gemeinden in der Diaspora, ihrem Glauben treu zu bleiben. Indem die Schicksale zweier Familien miteinander kombiniert wurden, gewannen beide nicht mehr erwartete Zukunft.

Schließlich gibt sich Tobias' Reisebegleiter als Engel Rafaël zu erkennen (Tob 12,15). Im Rückblick wird deutlich, dass sein Weg von Anfang an von Gott begleitet wurde. So konnte Gott durch ihn auch Sara und Tobit heilen. Die Vorstellung vom „Schutzengel" ist sicherlich durch das Buch Tobit befestigt worden. Gott ist dem Glaubenden ganz nahe, auch und gerade, wenn er es in Zeiten des Leids und der Verzweiflung gar nicht merkt. Das erinnert mich an das Gedicht „Spuren im Sand" von Margaret Fishback Powers:

Spuren im Sand

Eines Nachts hatte ich einen Traum:
Ich ging am Meer entlang mit meinem Herrn.
Vor dem dunklen Nachthimmel erstrahlten,
Streiflichtern gleich, Bilder aus meinem Leben.
Und jedes Mal sah ich zwei Fußspuren im Sand,
meine eigene und die meines Herrn.
Als das letzte Bild an meinen Augen vorübergezogen
war, blickte ich zurück. Ich erschrak, als ich entdeckte,
dass an vielen Stellen meines Lebensweges nur eine Spur
zu sehen war. Und das waren gerade die schwersten
Zeiten meines Lebens.

Besorgt fragte ich den Herrn:
"Herr, als ich anfing, dir nachzufolgen, da hast du
mir versprochen, auf allen Wegen bei mir zu sein.
Aber jetzt entdecke ich, dass in den schwersten Zeiten
meines Lebens nur eine Spur im Sand zu sehen ist.
Warum hast du mich allein gelassen, als ich dich am
meisten brauchte?"

Da antwortete er:
"Mein liebes Kind, ich liebe dich und werde dich nie
allein lassen, erst recht nicht in Nöten und Schwierigkeiten.
Dort wo du nur eine Spur gesehen hast,
da habe ich dich getragen."

2 In der Vielzahl das Eine suchen (Hinduismus)

2.1 „Das bist du"
Grundlage: Beispielerzählungen

Hindu nannten sich ursprünglich die Bewohner der Indus-Ebene. Die britischen Kolonialherren übernahmen diesen Begriff im 19. Jh., um auf den bunten Topf indischer Religiosität einen Deckel setzen zu können. Inzwischen identifizieren sich die Inder mit dieser Kennzeichnung ihrer national-religiösen Identität. Dabei übersieht der Betrachter von außen häufig, dass dieser „Religion" jegliche Einheitlichkeit fehlt. Die regionalen bzw. lokalen Traditionen ebenso wie die jeweilige Familienfrömmigkeit bewirken, dass auf diesem riesigen Kontinent fast jede Form religiöser Äußerung möglich ist.

Dieser Teil meiner Erläuterungen setzt sich daher weitgehend mit der Lehre der Upanishaden (Lehrgespräche, ab ca. 800 v. Chr.) und der von ihnen inspirierten philosophischen Über-legungen auseinander.

Wer Salz in Wasser legt, wird es bald nicht mehr sehen, er wird es aber schmecken, wenn er das Wasser kostet. Nicht nur Teile des Wassers sind an der Stelle, an die man das Salz gelegt hat, salzig, sondern das ganze Wasser hat diesen Geschmack übernommen. Obwohl das Salz also weg ist, ist es noch da, hat sich sogar vervielfältigt und ist vom Wasser nicht zu trennen. Wie das Salz – wenn auch unsichtbar – das Wasser durch-dringt, so ist alle irdische Wirklichkeit (und natürlich auch die im Kosmos) vom Atman durchzogen, der Substanz von allem, die „die Welt im Innersten zusammenhält" (wie Goethe es formuliert). Das Atman aber ist identisch mit dem Brahman, dem Urgrund, dem unpersönlichen Prinzip von allem. "Tat tvam asi" (Das bist du) lautet die „Moral" vieler Lehrerzählungen. Es gilt für den Schüler zu erkennen, dass er im Kern nichts außerhalb dieses höchsten Prinzips ist. Er ist nichts anderes als Atman und daher nichts anderes als Brahman selbst.

Der Prozess dieser Erkenntnis wird durch das Gleichnis zweier Vögel auf einem Baum illustriert. Der eine ruht in sich selber, still und durch nichts zu beunruhigen. Der andere ist umtriebig, immer in Bewegung, immer darauf bedacht, Früchte zu verzehren. Von seinem Erfolg und dem Geschmack der Früchte lässt er sich beeinflussen: Mal fühlt er sich glücklich, mal unglücklich. In seiner Unruhe wird er neidisch auf den souveränen Vogel und versucht vergeblich, ihn nachzuahmen. Doch irgendwann spürt er, dass das Verzehren süßer und bitterer Früchte, dass Glück und Unglück nur ein Traum, eine Wahnvorstellung sind und dass er in seinem Wesen dem ruhigen Vogel gleicht.

Der Mensch wird von vielfältigen Reizen, Leidenschaften, Wünschen, auch Ängsten hin und her getrieben wie ein Blatt im

Wind. Manchmal sucht er die Ruhe, kann sie aber auf Dauer nicht finden. Es bedarf der enttäuschten Erkenntnis, einem „Nichts" nachgelaufen zu sein, um sich dem göttlichen Kern anzunähern.

In der Dämmerung tritt ein Mann auf etwas Weiches, Längliches. Er reagiert hysterisch in der Meinung, auf eine giftige Schlange getreten zu sein. Als andere Menschen, von seinem jammernden Schreien herbeigerufen, Licht bringen, zeigt sich, dass es nur ein Seil war.

Kräftiger ist das Gleichnis von einem Löwenbaby, das nach dem Tod seiner Mutter von einer Schafherde aufgezogen wird. Der heranwachsende Löwe blökt und frisst Gras. Erst als er einem anderen Löwen begegnet und im Spiegelbild des Sees die Ähnlichkeit erkennt, brüllt er los wie ein Löwe. Er hat seine eigentliche Natur erkannt.

Fehleinschätzungen bestimmen das Leben der meisten Menschen. Die Inder sprechen von Maya, der Verblendung. All das, was scheinbar unser Leben bestimmt, rückt in den Fokus unserer Aufmerksamkeit. Dadurch wird aber die eigentliche Lebenswahrheit, der Atman, wie durch einen Vorhang verborgen. Es kommt darauf an, den Vorhang wegzuziehen, die Sinnenwelt als Schein zu entlarven und zum Kern des eigenen Wesens vorzudringen.

Ein auch im Bereich christlicher Theologie bekanntes Gleichnis handelt von einem Elefanten und einer Gruppe Blinder. Die Blinden sollen den Elefanten betasten und ihn beschreiben. Aber je nachdem, welchen Teil des großen Tieres sie betasten konnten, haben sie einen vollkommen unterschiedlichen Eindruck von ihm. Der eine, der den Schwanz befühlt, beschreibt den Elefanten als dicken Strick, der zweite, der den Bauch anfassen kann, als einen großen Korb. Ein Dritter nimmt nur die Ohren wahr und meint, einen riesigen Fächer vor sich zu haben. Ein Vierter vergleicht ihn angesichts des Rüssels mit einer großen Röhre. Und derjenige, der ein Bein in der Hand hat, glaubt, eine Art Säule in dem Tier zu erkennen. Das alles ist der Elefant nicht, und doch ist er alles zusammen und noch viel mehr.

So sind wir Menschen immer nur in der Lage, Teile des Absoluten wahrzunehmen, und wir neigen dazu, diese Teile für das Ganze zu halten. Wie der Elefant für die Blinden ist das Brahman nicht beschreibbar bzw. definierbar. Ganz im Sinne negativer Theologie (vgl. Jgst. 12/I) kann auch das Brahman nur erschlossen werden, indem man alle Attribute ausschließt. Selbst Gegensätze, die ja „das Ganze" umspannen, werden negiert. Es ist eben nicht grob und nicht fein, nicht kurz und nicht lang usw. Es haftet an nichts und ist gerade deshalb der Urgrund von allem.

2.2 Das Rad in Bewegung

Grundlage: Beispielerzählungen
Texte von Vivekananda

Der westliche Mensch empfindet Zeit als eine Strecke. Am Anfang geht sie los (z.B. bei der Geburt) und läuft lange Zeit kontinuierlich weiter. Auf dieser Strecke vollzieht sich Entwicklung. Auch Identität wird als Veränderung erfahren. Immer wieder streckt sich der Mensch, planend und hoffend, nach der Zukunft aus. Und immer wieder trauert er, vor allem im Alter, um die schon viel zu schnell vergangene Zeit. Daneben stehen Kreis-Erfahrungen der Zeit: Sonnenaufgang und Sonnenuntergang bestimmen den Ablauf des Tages, die Jahreszeiten die Erfahrung des Jahres. Wollte man die Zeit zeichnen, ergäbe das also Kreise, die entlang einer Linie immer vorwärtstreiben, eine Abfolge von Spiralen.

Die Menschen in Indien erleben die Zeit dagegen weitgehend zyklisch. Nichts hört (ganz) auf, alles beginnt von Neuem. Es ist wie der Mechanismus einer mechanischen Uhr, der sich durch nichts stören lässt und einfach weiterläuft. Natürlich gibt es in dieser Kreisform auch Veränderungen, aber das Wesentliche verändert sich nie. Das gilt für das Universum als Ganzes, das entsteht, wieder vergeht und immer wieder neu entsteht. Wir würden heute sagen: Auf den Urknall und die Expansion des Weltalls folgt eine Kontraktion und ein erneuter Urknall. Das gilt auch für die Götter, die in gleicher Weise dem Werden und Vergehen unterworfen sind. Vielleicht bleiben ihre Funktionen gleich, aber sie werden unterschiedlich verkörpert. Und das gilt natürlich auch für den Menschen und alle anderen Lebewesen. Der Mensch wird von diesem Kreislauf bestimmt, und er bestimmt ihn mit. Er tritt sozusagen das Rad und garantiert damit, dass es in Bewegung bleibt. Zugleich hat sich in der Zeit der Upanishaden die Überzeugung durchgesetzt, dass das Leben leidvoll ist. Der Hindu hofft, das Rad zum Stillstand zu bringen, und tritt (meistens) dennoch weiter.

Mit einem Gefäß voll leckerer Nahrung soll ein Affe gefangen werden. Das Gefäß hat nur eine kleine Öffnung, so dass das Tier seine Hand hineinstecken, sie aber mit den Süßigkeiten nicht mehr herausnehmen kann. Es könnte sich nur befreien, wenn es auf das köstliche Ziel verzichten würde. Die menschlichen Begierden entsprechen diesen Süßigkeiten. Sie binden den Menschen immer wieder an diese Welt und das Leben. Freiheit wäre nur für den möglich, der auf seine Begierden verzichtet. Nicht die Welt bindet den Menschen, sondern seine Begierden sind es. In Abwandlung der Redensart: Jeder ist seines Unglücks Schmied.

Hätten wir eine endlose Kette, in der sich jeweils ein weißes und ein schwarzes Glied regelmäßig abwechseln, dann könnten wir zwar nicht die ganze Kette sehen, es würde aber die Kenntnis zweier Glieder genügen, um zu wissen, wie sie aufgebaut ist.

Geburt und Tod sind die beiden Bausteine, die sich endlos wiederholen. Und das vergangene Leben bestimmt zukünftige Leben. Unsere Taten sterben nicht mit uns, sie treiben das Lebensrad immer erneut an. Diese ewige Bewegung nennt der Inder Samsara. Alle scheinbaren Schönheiten der Welt und alle Kämpfe, alles Leid, alle Verzweiflung werden von ihr bestimmt.

Jedes Tun des Menschen ist die Ursache positiver oder negativer Wirkungen. Diese Wirkungen sind wie Früchte, die langsam reifen müssen. Auch wenn die Taten (das Karma) längst vergangen sind, bleiben ihre Wirkungen bestehen, bis die jeweilige Frucht reif ist und geerntet wird. Das geschieht häufig erst in einem späteren Leben. Durch seine Taten bestimmt der Mensch also, in welche Existenz er künftig hineingeboren wird, ob er sich sozusagen verbessert oder verschlechtert. Die künftige Existenz kann durchaus die eines Gottes oder einer Schmeißfliege sein. Aber auch innerhalb der sozialen Stufenleiter des Menschen kann es eine Verbesserung oder Verschlechterung geben.

Nach hinduistischer Vorstellung trägt daher der einzelne Mensch allein die Verantwortung für sein Schicksal. Diese Verantwortung kann ihm nicht abgenommen werden, er kann auch nicht die Verhältnisse oder ein blindes Schicksal beschuldigen. Das hat den Nachteil, dass die Menschen in manchen Traditionen auf Arme herabsehen. Denn diese seien ja selber an ihrem Leiden schuld. Hilfe wird bewusst verweigert. Allerdings gibt es auch die andere Tradition, die sich darauf beruft, dass jeder Mensch Anteil an demselben Göttlichen hat und daher ein Recht auf das Mitgefühl besitzt, das man sich selber wünschen würde.

2.3 Erlösungswege

Grundlage: Werner Trutwin: Erlösung durch Erkenntnis
Hari Prasad Shastri:Meditation
Beispielerzählungen

Sich aus dem Kreislauf der Wiedergeburten zu lösen, ist schwer, fast unmöglich. Und dennoch vermittelt der Hinduismus Wege, die zu dieser Lösung verhelfen sollen. Entscheidend ist, in einem langen, bewussten Prozess das Karma-Konto zu leeren und sich dadurch von jeder Anhaftung an diese Welt zu lösen. Die Wege, die zur Erlösung (Moksha) führen, heißen Yoga und sind vielfältig wie die Menschen, die sie gehen. Je nach Charakter, Interessen, Fähigkeiten, sozialen Möglichkeiten wird sich der Übende den Weg aussuchen, den er gehen kann. Entscheidend ist dabei das Ziel, nicht der Weg selber. Im Westen identifizieren wir mit Yoga bestimmte Körperhaltungen (Hatha-Yoga). Auf der Suche nach Entspannung und Gesundheit reduzieren wir dabei das Feld der Erlösungswege auf ein rein innerweltliches Ziel.

Der Weg der Erkenntnis (Jnana-Yoga) ist vielleicht der „vornehmste" Erlösungsweg, aber nicht jeder vermag, sein Leben philosophisch zu betrachten. Zudem führen Erkennt-nisse der Großhirnrinde meistens noch lange nicht zu einer Verhaltensänderung.

Der Denkende erkennt, dass Atman und Brahman identisch sind (vgl. 2.1). Er entlarvt die „Wirklichkeit" der Welt mit allem, was die Begierden antreibt, als bloßen Schein und sieht in sich (und seinen Mitmenschen) nur noch den göttlichen „Funken". Allerdings reicht ein philosophisches „Für-Wahr-Halten" keineswegs aus. Die Erkenntnis muss derart „in Fleisch und Blut" übergegangen sein, dass wirklich alles Weltliche abgelegt wurde. Der Erkenntnis muss also die Tat folgen. Wer so das Rad der Wiedergeburt nicht mehr neu tritt, wird sich irgendwann aus dem Kreislauf lösen können.

Was gemeint ist, wird in einer Geschichte deutlich: Ein Gelehrter badet in einem Fluss, als er plötzlich in seiner Nähe ein Krokodil gewahrt. Nach dem ersten Schreck und der Überlegung, zu fliehen oder wenigstens das Bad abzukürzen, macht er sich bewusst, dass er und das Krokodil jeweils nur ein Teil des Ganzen, des Brahman, sind und dass sein Körper mit seinen Bedürfnissen nur Schein ist. Er badet in Ruhe zu Ende, ohne vom Krokodil dabei gestört zu werden.

Die Meditation erfordert vielfältige Übung. Ausgangspunkt ist die Konzentration auf einen Gegenstand und der Versuch, alles andere in der Außenwelt dabei völlig auszuschalten. Auch die materielle Schale des Gegenstandes verschwindet mehr und mehr aus dem Bewusstsein. Schließlich verschmilzt der Meditierende mit dem Gegenstand, sodass zwischen Meditierendem und Meditiertem kein Unterschied mehr besteht. Der Meditierende geht ganz in diese Betrachtung auf, er leert sich vollkommen. Am Ende schweigt alles Individuelle in ihm, er verweilt im Atman, seinem wahren Sein.

Ein Schüler, der schon manchen Fortschritt gemacht hatte, wird auf einen Fleischer verwiesen, der ihm Vorbild sein könnte. Er beobachtet ihn und kann nichts Besonderes entdecken: Der Fleischer geht seinem Beruf nach, plaudert angeregt mit den Kunden und versorgt zu Hause liebevoll seine alten Eltern. Nach dem Wesen seiner „Gelehrsamkeit" befragt, verweist er darauf, dass er im Beruf und zu Hause seine Pflicht erfüllt. Fleischer sei er, weil er in diesen Lebensstand hineingeboren sei. Sein Yoga sei das Yoga der Tat (Karman-Yoga). Wer in der Welt lebe, müsse gemäß seiner Pflicht handeln, unberührt und ohne auf den Erfolg zu schielen.

Im Mahabharata, einem Epos über den überaus blutigen Kampf zweier verschwägerter Familien, hält Arjuna, der Anführer einer der Kriegsparteien, unmittelbar vor der entscheidenden Schlacht inne, weil er Skrupel hat, eigene Verwandte zu töten. Der Gott Krishna, der ihm als Wagenlenker dient, belehrt ihn, jeder Mensch müsse ohne Affekte seine Pflicht erfüllen. Er, Arjuna, sei Krieger, und die Pflicht eines Kriegers sei zu töten. Er könne die Erlösung erlangen, indem er alle hindernden Bedenken abwerfe und gleichsam selbstlos seine Pflicht erfülle. Diese Unterweisung durch den Gott ist die Bhagavad-Gita, die wohl bekannteste Schrift des Hinduismus. Das Karman-Yoga, dem auch ein Mensch nachkommen kann, der kein Gelehrter und ebenso kein Krieger ist, entspricht in vielerlei Hinsicht der Pflicht-Ethik Immanuel Kants, die ebenfalls ausschließlich die rechte Gesinnung in den Mittelpunkt des Verhaltens stellt (vgl. Jgst. 13/I).

Ein Asket wohnt in unmittelbarer Nachbarschaft einer Prostituierten. Voller Groll beobachtet er das Treiben der Männer, die sie besuchen und das Verhalten dieser Frau. Er macht ihr Vorwürfe und zählt schließlich in Form kleiner Steine die Anzahl ihrer Vergehen. Die Frau sieht seine Vorhaltungen ein und wünschte, sich zu ändern, vermag es aber nicht, weil sie auf ihren Lebensunterhalt angewiesen ist. Voller Angst betet sie inständig zu Krishna und bittet um Verzeihung. Als beide gestorben waren, wurden die Sünden der Prostituierten dem Asketen zugerechnet, denn er hatte sich immer wieder mit ihrem Tun beschäftigt, sich gleichsam (wenn auch negativ) damit identifiziert. Die Frau dagegen hat sich voll Vertrauen an der Gottheit festgemacht.
Diese Geschichte, die an das Gleichnis vom Pharisäer und Zöllner (Lk 18,9-14) erinnert, erläutert einen weiteren Weg zur Erlösung: das Bhakti-Yoga, den Weg der Liebe. Auch wer die anderen

Wege nicht gehen kann, hat die Möglichkeit, sich mit seinem ganzen Gemüt einer Gottheit zuzuwenden und sich ihr unterzuordnen. Liebe lässt jeden Eigensinn schweigen und hilft dem Gott daher, diesen Menschen ganz zu erfüllen.

Hier wird deutlich, dass es im Hinduismus zwei große Schulen gibt. Die eine kennt nur das unpersönliche Brahman, aus dem die Welt einst herausgeschleudert wurde und in den sie zurückkehren will. Jede individuelle Personalität ist dagegen reiner Schein. Die andere Schule verehrt das Göttliche als Person. Die zahlreichen Götter Indiens sind dann Verkörperungen des einen göttlichen Prinzips. Diese Richtung lässt eine personale Beziehung zur „Lieblingsgottheit" zu. Als Erlösung stellt sie sich eine Art Himmel vor, in dem das wahre Selbst des Menschen ewige Freuden genießen könne.

2.4 Lebenswege und Lebenspflichten

Grundlage: Ram Adhar Mall: Der Hinduismus
Erik Markgraf: Wie ist das indische Kastenwesen
aufgebaut?

Idealtypisch wird das Leben des Hindu in vier Stadien eingeteilt. Sicher werden viele Inder dieser Abfolge nicht gerecht, doch muss es zahlreiche Beispiele geben, die die Lebensstadien Realität und nicht nur Phantasie werden lassen. Jede Station dieser Wegstrecke bedingt besondere Pflichten.

Zunächst ist es die Existenz eines Schülers, der lernt, was er über Pflichten und Moral wissen muss, und sich körperlich entwickelt. Es folgt das Stadium des Hausvaters, der eine Familie gründet und für deren Existenz arbeitet. Ebenso kommt er seinen Pflichten in der Gesellschaft nach. Wenn die Kinder herangewachsen und versorgt sind, kann sich der Vater in die Einsamkeit zurückziehen und sein Leben der Meditation widmen. Schließlich kann er sich als Wandermönch auch von diesem Standort lösen und sich im Zustand völliger Entsagung auf das Ziel der Befreiung vorbereiten.

Auffällig ist, dass in dieser idealtypischen Abfolge die Frau überhaupt nicht vorgesehen ist. Das entspricht wohl ihrem abhängigen Dasein, das sich immer nur vom Mann her interpretiert.

Die traditionelle gesellschaftliche Schichtung in Indien, die Kastenordnung, entstand durch die Einwanderung indoeuropäischer Eroberer ab 2200 v. Chr. Sie setzten sich an die Spitze der Hierarchie, während die einheimische Bevölkerung die unteren Kasten bildete. Die einzelnen Bevölkerungsteile sollten für sich bleiben, eine Durchlässigkeit war nicht vorgesehen. Auch wenn in der heutigen Verfassung Indiens alle Menschen die gleichen Rechte besitzen, hat sich die konservative Stufenleiter hinduistischer Tradition im alltäglichen Leben der Menschen weitgehend erhalten. Aus der Kastenzugehörigkeit eines

Menschen bestimmen sich Lebenschancen, Bildungsniveau, Berufswahl und Ehepartner, aber auch Wohnung, Kleidung und andere Unterscheidungsmerkmale. Die Kastenzugehörigkeit bestimmt die jeweiligen Rechte und Pflichten, die der Kaste zugeordnet sind. So sind gesellschaftliche Aufgaben in statischer Weise ausdifferenziert.

Die oberste Klasse sind die Brahmanen (Priester, Gelehrte). Ihnen folgen die Kshatriyas (Krieger). Früher gehörten Könige und andere Politiker dieser Kaste an. Die dritte Kaste sind die Vaishyas (Kaufleute, Großindustrielle, Großgrundbesitzer). Als unterste Klasse folgen die Shudras (Handwerker, einfache Bauern, Tagelöhner). Diese vier Kasten differenzieren sich aber in bis zu 3000 Unterkasten aus, die ebenfalls z.B. über den möglichen Ehepartner bestimmen.

Außerhalb dieses Kastensystems steht die große Anzahl der „Unberührbaren", der Parias, die heute zwar gesetzlich gleichberechtigt sind, von strengen Hindus aber weiterhin abgewertet und unterdrückt werden. Es sind z.B. Kinder aus „Mischehen", Menschen, die „schmutzige" Berufe ausüben (wie z.B. Schlachter, Straßenkehrer oder Hebammen) oder auch Anhänger fremder Religionen. Parias sind alle, die aus der ursprünglichen Viererteilung herausfallen.

Der westliche Mensch versteht seine Religion in ihrer geschichtlichen Struktur. Er befürwortet daher auch gesellschaftliche Entwicklungen und versucht, eine gerechte Ordnung herzustellen. Der östliche Mensch sucht dagegen mehr den Weg ins eigene Innere, um spirituelle Vollkommenheit herzustellen, Die gesellschaftliche Ordnung nimmt er dabei als gegeben hin. Der Philosoph Ram Adhar Mall vergleicht diese beiden Zugänge mit zwei Augen, die jeweils unter-schiedliche Dimensionen der Wirklichkeit wahrnehmen, dabei aber auch ihre spezifischen Grenzen haben. Tiefenschärfe habe der Blick eines Menschen nur, wenn er beide Augen gleichzeitig benutze. So müssten europäische und indische Religiosität voneinander lernen, um ihren jeweiligen „blinden Fleck" füllen zu können.

3 Sein Leben verwandeln (Buddhismus)

3.1 Der Erwachte
Grundlage: Video: So kam BUDDHA zur Erleuchtung

Der Buddhismus entstand in einer Zeit der Krise des Hinduismus. Die alte Tradition der Veden hatte vor allem die Macht der Priester gestärkt. Die Menschen waren darauf angewiesen, dass komplizierte Riten und Orakel von Fachleuten exakt ausgeführt wurden. Mit der Philosophie der Upanishaden brach sich die Überzeugung Bahn, dass der einzelne Mensch selber die Verantwortung für seine Zukunft trägt. Das befreite einerseits von der Bevormundung durch die Priesterkaste, bürdete vielen aber auch eine schwere Last auf. Zugleich verdüsterte sich das Weltbild der Menschen. Leben wurde zunehmend als leidvoll, als negativ erfahren. Um dem zu entkommen, suchte man nach neuen Wegen. Asketische Bewegungen (neben dem Buddhismus z.B. auch der Jainismus) fanden mehr und mehr Zulauf.

Der Buddhismus entstand auf dem Boden dieser indischen Tradition und übernahm deren Grundüberzeugungen. So ist die Lehre von der Wiederverkörperung kein „Glaubensdogma" des Buddhismus, sondern eine gedankliche Voraussetzung, die unbefragt übernommen wurde. Es geht vielmehr um eine „Technik", dem Kreislauf der Wiedergeburten zu entrinnen. Da diese Technik (mindestens im ursprünglichen Theravada-Buddhismus) völlig ohne Gott oder die Vorstellung eines Göttlichen auskommt, können Elemente davon in modernisierter Form leicht in andere Religionen oder Weltanschauungen übertragen werden. Buddha leistet sozusagen Lebenshilfe. Darum soll es auch in diesem Teil meines Buches gehen.

Siddharta Gautama wurde ca. 560 v. Chr. im nordöstlichen Teil Indiens (zu Füßen des Himalaya) als Sohn einer wohlhabenden Adelsfamilie geboren. Sein Vater war eine Art Bürgermeister seiner Stadt und sorgte dafür, dass sein Sohn körperlich und geistig gut ausgebildet wurde.

Das Leben des späteren Buddha ist stark durch Legenden verdeckt, die deutlich machen sollen, worum es ihm ging. Dazu gehört die Legende von den vier Ausfahrten. Siddharta wuchs wohlbehütet auf und sein Vater versuchte (angeblich angesichts einer Prophezeiung), ihn von allem Leid fern zu halten. Doch machte sich der Heranwachsende auf, um auch die Bereiche außerhalb seiner Lebensblase zu erkunden, und begegnete in unterschiedlichen Gestalten Alter, Krankheit, Leid und Tod. Ihm wurde bewusst, dass das Leben nicht vollkommen ist und auf keinen Fall vollkommen bleibt und dass all dies ihn auch treffen kann. Die Begegnung mit einem asketischen Wandermönch motivierte ihn dazu, aus seinem Leben der Illusionen auszusteigen und nach einem Weg zu suchen, Leiden zu überwinden. Schließlich verließ er im Alter von 29 Jahren Frau und Kind und begab sich selber auf Wanderschaft. So sehr die Legende der Ausfahrten das Anliegen Buddhas charakterisiert, so wurde der heranwachsende Siddharta sicher nicht von jedem Leid erfolgreich abgeschirmt. Seine Mutter starb schon, als er sieben Tage alt war, und wird eine leere Stelle in seinem Leben hinterlassen haben. Die Erfahrung des Todes und seine Folgen haben so schon seine Entwicklung bestimmt. Das erklärt auch, warum er derart sensibel auf das Leid anderer Menschen reagieren konnte.

Auf seiner Wanderschaft erkannte Siddharta schnell, dass andere Asketen ihn nicht lehren konnten, worauf es ankommt. Er versuchte nun, den Durchbruch mit Gewalt zu erzwingen, indem er weitgehend auf Nahrung verzichtete und seinen Körper mit extremen Übungen kasteite. Dem Tode nahe, erkannte er, dass er auch auf diese Weise nicht weiterkam. Er begann wieder, zu essen und seinen Körper zu pflegen. Nach extremem Luxus und extremem Verzicht versuchte er es jetzt mit einem mittleren Weg eines einfachen und kontrollierten Lebens, das dem Körper aber gewährte, was er zum Leben brauchte. Es ist wie bei einer Gitarren-Saite. Ist sie zu locker, schwingt sie nicht, ist sie zu fest, reißt sie. Nur eine mittlere Festigkeit führt zu einem guten Klang. Nach einer langen Meditation unter einem Feigenbaum gelang ihm die entscheidende Erkenntnis.

Die folgenden Jahrzehnte seines Lebens predigte Buddha (der Erwachte) die vier edlen Wahrheiten und sammelte Schüler um sich, die er ebenfalls zur Erleuchtung führte. Zusammengefasst kann man sagen, dass Leid weitgehend das Leben der Menschen bestimmt und seine Ursache in ihrem eigenen Verhalten hat, genauer in den Gefühlen, die sein Handeln antreiben (dazu vgl. auch Jgst. 12/II). Entsprechend lehrte er, wie Erlösung, das „Erwachen" aus dieser falschen Existenz, möglich ist (s. unten).

Der vietnamesische Mönch Thich Nhat Hanh (geb. 1926), der seit 1969 in Frankreich lebt, interpretiert die Lehre Buddhas für moderne (westliche) Menschen. Er betont dabei stärker das Element der Freude (er spricht von „Wohlsein"). Leiden und Freude prägen unser Leben, doch die meisten Menschen tragen dazu bei, dass leidvolle Erfahrungen und Gefühle vorherrschen. Es sei aber möglich, durch den Weg Buddhas das eigene Leid und das der Mitmenschen zu minimieren und den Zustand des Wohlseins zu erreichen. Thich Nhat Hanh lädt auch Christen dazu ein, mit ihm diesen „therapeutischen" Weg zu gehen, ohne ihre eigene Tradition zu verraten.

3.2 Alles ist vernetzt.

Grundlage: Thich Nhat Hanh: Nichts existiert für sich allein!
Michael von Brück; Buddhistischer und christlicher Glaube

Die Nicht-Dualität ist die zentrale weltanschauliche Aussage des Buddhismus. Unsere Anschauung suggeriert uns den Eindruck, die Personen und Dinge seien für sich getrennte Entitäten (für sich Seiendes). Ich als Subjekt stehe dem anderen gegenüber bzw. kommuniziere mit ihm. Sollte ich mich in Frage gestellt oder angegriffen fühlen, reagiere ich mit Wut und Aggression. Ich denke, ich könne mich nur bewahren, indem ich mich verteidige. Dieser Ansatz, der zu Unfrieden führt, wird vom Buddhismus in Zweifel gezogen. Ich und du, ich und es sind nicht getrennt, sondern hängen unauflöslich zusammen, sind aufeinander angewiesen.

Thich Nhat Hanh verdeutlicht das an einem Stück Papier. Damit man aus Bäumen Papier herstellen könne, bräuchten die Bäume Regen, der durch Wolken erzeugt werde. Um zu wachsen, bräuchten die Bäume auch Sonnenschein. Über die Sonne und die Wolken ist das Blatt Papier letztlich mit dem ganzen

Universum verbunden. Auch den Holzfäller müsse man mitdenken, der vielleicht schließlich das Papier zum Schreiben benutzt. Da er sich auch ernähren muss, sei das Getreide, das zum Brot wurde, ebenso in dem Stück Papier präsent. All diese Voraussetzungen sind nicht ersetzbar. So hängt alles in der Welt wie in einem Netzwerk zusammen.

Ähnliches gilt für den zeitlichen Ablauf. In unseren Genen tragen wir nicht nur die Gene unserer menschlichen Vorfahren, sondern auch die der Tiere und Pflanzen und tradieren sie an die nächste Generation weiter. So trägt jeder Mensch die ganze Menschheit, die Natur, ja das Universum (Sternenstaub) in sich. Wir selber sind aber nur eine zufällige Verkörperung dieses universalen Netzes. Als solche seien wir unbeständig und dem Ablauf unterworfen.

Der Religionswissenschaftler Michael von Brück vergleicht Christentum und Buddhismus miteinander. Im Gleichnis vom Weinstock und den Reben (Joh 15,1-8) sieht er eine Parallele. Die unterschiedlichen Reben hängen dennoch an dem einen Weinstock zusammen und sind auf dessen Qualität angewiesen. Gott selbst fließe durch jeden Menschen hindurch wie der Saft des einzelnen Weinstocks durch die Reben.

Einen Unterschied erkennt von Brück in dem christlichen Begriff der Schuld bzw. Sünde. Christen seien der Überzeugung, dass der Mensch zu seiner Erlösung auf Gottes Barmherzigkeit, die sich in Christi Selbsthingabe manifestiert hat, angewiesen ist.

Buddha lehrte dagegen, dass jeder Mensch seine eigene Erlösung bewirken könne. Heile bzw. unheile Verhaltensweisen bewirkten eben heile bzw. unheile Wirkungen. Es komme also darauf an, Einstellungen und Verhaltensweisen zu ändern, die dem eigenen Wohlsein und dem der Mitmenschen abträglich seien.

In beiden Religionen sei es aber für den Menschen zentral, seine eigentliche Natur zu erkennen. Wenn er sich verinnerliche, „Kind Gottes" bzw. „Buddha-Natur" zu sein, könne er frei und voller Freude leben.

3.3 Innere Haltungen zum Leben

Grundlage: Foto eines meditierenden Jungen
Thich Nhat Hanh: Das Herz von Buddhas Lehre
Thich Nhat Hanh: Nimm das Leben ganz in deine Arme

Ein Junge, in ein Mönchsgewand gekleidet, sitzt im Lotossitz allein in einer Meditationshalle. Seine Hände liegen locker in seinem Schoß, sein Sitz ist aufrecht, die Augen (fast) geschlossen. Er vermittelt das Bild äußerster, nach innen gekehrter Konzentration. Er scheint sich ganz selbstverständlich zu versenken, ohne sich dabei stören zu lassen. Was ihn innerlich bewegt, kann man ihm äußerlich nicht ansehen.

Thich Nhat Hanh vergleicht das Verhalten vieler moderner Menschen mit einem Reiter. In äußerster Eile galoppiert er auf seinem Pferd an einem Betrachter vorbei. Von diesem gefragt, wohin er wolle, gibt er zu, es nicht zu wissen. Das Pferd bestimme die Richtung.

Der Reiter reagiert nur auf die Umstände, die sein Leben ausmachen. Er fühlt sich von Anforderungen und Aufgaben getrieben und versucht, noch mehr in kürzerer Zeit zu erledigen. Das Pferd steht für alles, was ihn innerlich antreibt. Wenn der Mann unglücklich ist, macht er das Pferd, also die äußeren Umstände, dafür verantwortlich. Dabei sind es auch die eigenen Energien, die ihm längst zur Gewohnheit geworden sind und die er nicht in Frage stellt, die ihn immer wieder antreiben. Hauptsache, es geht weiter, ob aber noch die Richtung stimmt, wird nicht gefragt.

Um eine neue Orientierung zu ermöglichen, müsste das Pferd zunächst zum Halten gebracht werden. Der Sturm der Emotionen, die sich an Vergangenheit und Zukunft binden und den Augenblick nicht zum Zuge kommen lassen, muss zur Ruhe finden. Leben bedeutet, in der Gegenwart zu sein, denn es vollzieht sich nur im Hier und Jetzt. Es ist also notwendig, bewusst, achtsam zu tun, was mich im Augenblick beschäftigt. Mich erinnert das an den Straßenkehrer in Michael Endes Roman „Momo". Vor der riesigen Arbeit, die Straßen der Stadt zu reinigen, stehend, verzweifelt er nicht, weil er sich immer nur bewusst auf den nächsten Schritt konzentriert. Überhaupt zeigt dieser Roman, dass man Lebenszeit nicht „sparen" kann. Man muss sie bewusst füllen und intensiv erleben.

Wer die Sitz- (oder auch Geh-) meditation vollzieht, übt, den gegenwärtigen Augenblick zu betrachten. Unruhige Gefühle und Gedanken werden nicht einfach verschwinden. Man kann sie aber in Ruhe betrachten und verabschieden. Im Laufe der Zeit kann eine regelmäßige Übung zu einer tiefen Versenkung in die wahre Natur des Menschen und der Welt führen.

Liebende Güte, Mitgefühl, Freude und Gleichmut sind die Haltungen, die inneren und äußeren Frieden ermöglichen. Sie können eingeübt werden, indem das eigene Leben und die Beziehungen bewusst vollzogen werden. Wer seinem Mitmenschen etwas Gutes tun will, ihm etwas schenken oder ihm helfen will, muss ihn, seine Sehnsüchte, sein Leiden genau kennen. Er muss versuchen, ihn zu verstehen, indem er genau hinschaut und hinhört. Liebe und Freundschaft vollziehen sich nicht im Vorbeigehen. „In den Mokassins des anderen zu gehen", erfordert Aufmerksamkeit. Wer den anderen wirklich versteht, kann ihm u.U. durch ein einziges Wort, einen einzigen Gedanken Trost schenken und ihm die Richtung zu einem gelungenen Leben zeigen. Freude und Liebe wirken aber immer auch zurück. Freude schenken kann nur der, der Freude empfindet.

Gleichmut ist die Fähigkeit, sich nicht über den anderen zu stellen, beispielsweise durch einen überlegenen Stolz, ihm geholfen zu haben. Die Nicht-Dualität wird hier zu einer inneren Haltung. Liebe und Bemächtigung vertragen sich nicht miteinander, in welcher subtilen Form auch immer. Gleichmut bedeutet also nicht Gleichgültigkeit. Es ist vielmehr der Mut, nicht zwischen mir und dem anderen zu unterscheiden, die Bereitschaft, gleichrangige Würde und Interessen zu akzeptieren.

3.4 Achtsam – Worauf?
Grundlage: Thich Nhat Hanh. Nimm das Leben ganz in deine Arme

Alle Gefühle und Haltungen, die ein friedliches, erfülltes Leben fördern, Mitgefühl, Hilfsbereitschaft, Rücksicht, Zufriedenheit usw., sind als Möglichkeiten in uns, ebenso aber auch Zorn, Neid, Rachsucht, Eigensinn, Gewalt. Thich Nhat Hanh spricht von gutem und bösem Samen, der tief in uns bereitliegt. Es gilt, den guten Samen zu bewässern, damit er wachsen und blühen kann. Auch die Ethik des Buddhismus ist also eine Ethik der Achtsamkeit. Wer es sich angewöhnt hat, friedvoll zu handeln, wird diese Praxis immer selbstverständlicher ausführen.

Die „fünf Achtsamkeitsübungen" erinnern ein wenig an die Dekalog-Verbote: Du sollst nicht töten, nicht stehlen, nicht die Ehe brechen, nicht lügen. Sie sind aber viel konkreter und auf die heutige Lebenswelt hin formuliert, und sie sind auch keine Verbote, sondern eine Selbstverpflichtung. Die Formulierung „Ich bin entschlossen" verdeutlicht zudem, dass sie den Impuls enthalten, sich auf den Weg richtigen Verhaltens zu machen, auch wenn einzelne „Forderungen" zunächst schwerfallen.

Die Verpflichtung zur „Achtung vor dem Leben" weitet den Blick auf das Lebensrecht aller Lebewesen und die Erhaltung der Natur. Es gilt also, den ökologischen Fußabdruck zu verringern und sich für einen fairen Welthandel einzusetzen (vgl. Jgst. 13/I). Zudem richtet diese Selbstverpflichtung den Blick auf die Verantwortung, Tötung zu verhindern bzw. nicht zu unterstützen. Leben zu achten bedeutet ebenso, Menschen Lebensgrundlagen zu schaffen, beispielsweise Migranten nicht allein zu lassen.

Die Verpflichtung zur „Großzügigkeit" verbietet nicht nur, andere zu bestehlen oder zu übervorteilen, sondern erfordert auch die Bereitschaft, Zeit, Energie und materielle Mittel mit denen zu teilen, die Hilfe benötigen. Auch der Einsatz gegen die Ausbeutung von Menschen, z.B. durch Kinderarbeit, Billiglöhne, vorenthaltene Bildungschancen, Missachtung der Menschen-rechte, gehört hier dazu. Wem es nicht möglich ist, sich aktiv für andere Menschen einzusetzen, sollte ihnen mindestens keinen Schaden zufügen. Dem Versuch eines Menschen, die Hilfsbereitschaft zum Nachteil des Helfenden auszunutzen, sollte man aber eine klare Grenze setzen.

Die dritte Verpflichtung, „sexuelle Verantwortung zu über-nehmen", bindet Sexualität an Liebe und Treue. Liebe bedeute die

Bereitschaft zu Verantwortung und Fürsorge füreinander und gegenseitige Annahme mit den Stärken und Schwächen des Partners. Um eine stabile Beziehung aufrecht zu erhalten, müsse man sich Zeit nehmen, miteinander zu kommunizieren. Dies gelte auch für Gespräche mit den Kindern. Wer glaube, durch bloße sexuelle Handlungen seine Einsamkeit zu über-winden, erliegt einem Trugschluss. Bindungen anderer Paare sollten akzeptiert, Kinder vor sexuellem Missbrauch geschützt werden.

Die Bereitschaft, „aufmerksam zuzuhören und liebevoll zu sprechen", ist die vierte Selbstverpflichtung. Jeder weiß, was man mit einem (un)beabsichtigten Wort anrichten kann. In unserem Zeitalter unbegrenzter digitaler Kommunikation sind die Auswirkungen oft noch gravierender. Das eigene Wort sollte der Wahrheit entsprechen, sich nicht gegenüber unterschiedlichen Adressaten unterscheiden, Ausdruck von Respekt sein und ohne Übertreibungen und Ausschmückungen auskommen. Es kann aber auch Situationen geben, in denen man die Unwahrheit sagen muss, um Menschen zu schützen.

Die fünfte Verpflichtung motiviert zu einem „achtsamen Umgang mit Konsumgütern". Thich Nhat Hanh zählt nicht nur Rausch-mittel zu den Mitteln, die das eigene Leben vergiften, sondern auch bestimmte Fernsehprogramme, Druckschriften und Gespräche. Alles, womit sich der Geist beschäftigt, kann ihn verwirren und daran hindern, im Augenblick präsent zu sein. Was uns im Laufe des Tages begegnete, das wirkt im Unterbewussten nach, kann sozusagen Dünger für die unheilvollen Samen sein. Auch Nahrungsmittel, die den Körper vergiften, sollte man meiden. Die Übung der Achtsamkeit zielt auf eine bewusste Lebensweise. Grundsätzlich lehnt der Buddhismus Konsumgüter nicht ab. Auch hier kommt es aber auf das mittlere Maß an.

4 Spuren des Glücks

4.1 Das Glück verfolgen

Grundlage: Comic: Calvin and Hobbes
Robert Nozik: Glück für alle? - Die Erlebnismaschine
Ulrich Schnabel: Leben als letzte Gelegenheit, Flow als Ziel?
Gerhard Roth: Happy-Thalamus

Calvin reflektiert im Gespräch mit seinem Freund Hobbes, einem Tiger, seine innere Unruhe und steigert sich dabei immer mehr in sie hinein. Es ist gerade Sonntag, und das bedeutet für ihn Freiheit. Diese besonders kostbare Zeit, bevor er wieder zur Schule gehe, müsse mit besonders intensivem Spaß gefüllt sein. Calvin empfindet aber nur ein bisschen Spaß, der seinen anspruchsvollen Erwartungen nicht entspricht. Hobbes, der als Tiger keinen Stress empfindet, lässt sich von Calvins Hektik anstecken. Beide rennen schnell weg, auf der Suche nach dem optimalen Spaß. Für genügend Spaß zu sorgen, bedeutet nämlich viel Arbeit. („Wenn du das Spaß haben ernst nimmst, ist es ganz und gar kein Spaß.")

Robert Nozik animiert den Leser zu einem Gedanken-experiment: Es gäbe das Angebot einer Maschine, die mit Elektroden das Gehirn reize und so Erlebnisse vielfältiger Art vorspiele (angeregt durch Filme wie „Total Recall" oder „Die Matrix"). Man könne sich die gewünschten Erlebnisse wie in einem Katalog aussuchen, liege dann auf einem Wasserbett und erlebe das Bestellte als reales Geschehen. Noziks provoziert die Frage, ob die Leser eine solche Einrichtung als wünschenswerte Gestaltung ihres Lebens benutzen würden.

In der Tat könnte man Reiz an Reiz reihen, die von Calvin so hoch gewertete Freiheit wäre dann unendlich. Und wer hatte nicht schon einmal den Wunsch, jemand ganz Anderer zu sein oder zumindest einmal Existenzalternativen auszuprobieren?

Dennoch würden wahrscheinlich die meisten Menschen vor so einem Angebot zurückschrecken. In einem besinnungslosen Zustand Reize zu empfangen und so in ein künstliches Leben geworfen zu werden, ist offensichtlich nicht das Ziel unserer Träume. Leben soll echt, soll authentisch sein. Im Allgemeinen wird es als höher eingeschätzt, unter den eingeschränkten Bedingungen eigener Existenz so viel wie möglich heraus-zuholen als ohne eigene Leistung in eine vollkommene Welt hineingeworfen zu werden.

Ob wir bei der Erfüllung unserer Wünsche, ohne etwas dafür getan zu haben, glücklicher sind als vorher, ist noch die Frage.

Manchmal lässt einen auch die Erfüllung enttäuscht zurück. Sollte aber die Glückssteigerung gelingen, bleibt der Suchtfaktor als wichtiges Gegenargument. Um Glück zu empfinden, braucht man den Vergleich mit weniger glücklichen Stunden. Und „immerwährendes" Glück stumpft ab. Man benötigt dann eine immer höhere Dosis. So verzichtet man endgültig auf die Selbstbestimmung des eigenen Lebens und lässt sich nur noch von außen reizen, jeglicher Manipulation preisgegeben.

Ulrich Schnabel stellt mit Verweis auf antike Philosophen die Bedeutung der Muße in den Mittelpunkt. „Lust" (im Sinne Epikurs) bzw. Glück entstehe dort, wo die Gegenwart voll ausgekostet werde. (Die Überlegungen berühren sich stark mit der Bedeutung der Achtsamkeit im Buddhismus, vgl. Teil 3.) Nicht Karriere, Konto und soziales Ansehen verhülfen dazu, so wichtig sie evtl. auch sind, sondern eine Tätigkeit um ihrer selbst willen auszuführen und ganz darin aufzugehen. Am häufigsten kann man diesen Effekt bei spielenden Kindern beobachten, die Zeit und Umgebung völlig ausschalten können und ganz mit dem gelebten Augenblick und ihrem Tun verschmelzen. Der Psychologe Mihaly Csikszentmihalyi prägte den Begriff „Flow-Effekt". Dieser tritt ein, wenn man als Person ungeteilt bei der Sache ist und dabei alle Wünsche und Sorgen für die Zukunft vergisst, beim Joggen, beim Tanzen, bei der Fertigung eines Kunstwerks, bei einem besonders intensiven Gespräch, auch vielleicht bei der Arbeit.

Flow-Elemente vermitteln Glück gerade deswegen, weil das Glück dabei nicht gesucht wird. Bei der Konzentration auf die Sache stellt es sich als Nebenprodukt ein.

Der Theologe Fulbert Steffensky formulierte: „Ein Gesicht bekommt ein Mensch, nicht indem er sich im Spiegel betrachtet, sondern indem er auf etwas sieht, etwas wahrnimmt, von etwas gebannt ist, was außerhalb seiner selbst ist."

Das menschliche Gehirn sei so programmiert, dass es unser Leben möglichst bewahrt, verdeutlicht der Hirnforscher Gerhard Roth. Daher seien Gefühle der Furcht langlebiger als Glücksgefühle, die uns unvorsichtig machen würden. Um lebensfähig zu sein, sollten wir nicht zu oft glücklich sein. Wir würden dann auch nicht dazu animiert, Neues auszuprobieren und uns weiterzuentwickeln. Eine glückliche Menschheit wäre also wohl längst ausgestorben.

Glück empfänden wir als Belohnung für erfolgreiche Anstrengungen. Je schwieriger die Herausforderung war und je mehr wir uns dafür eingesetzt haben, umso rauschhafter empfänden wir den glücklichen Moment. Es werden dann chemische Stoffe im Gehirn freigesetzt, die in ihrer Wirkung Ecstasy ähneln. Das Gehirn konstatiert aber genau, ob diese Belohnung berechtigt ist oder nicht.

Die chemische Ausschüttung kann man zwar durch künstliche Drogen simulieren, doch setzt das die Leistungs-Aktivität des

Gehirns herab. Wenn eine Belohnung ohne Leistung möglich wird, will das Gehirn bald immer mehr davon. Zudem führt der häufige Konsum einer Droge zu einer Gewöhnung, sodass der „Kick" immer geringer wird. Unwohlsein wird betäubt, Glück aber nicht mehr hervorgerufen.

4.2 Den Augenblick empfangen

Grundlage: Video: Stoisch denken im Alltag – Epiktet: Handbüchlein der Moral Jörg Lauster: Gott und das Glück

Der antike Philosoph Epiktet (ca. 50-138) ist mit seiner Lehre ein prägnantes Beispiel stoischer Lebenshaltung. Er rät zu unterscheiden, was man beeinflussen und was man nicht beeinflussen kann. Was man durch eigene Aktivität nicht verändern könne, das solle man akzeptieren. Jegliche Weise, dagegen anzustöhnen, wäre wie ein Kampf gegen Windmühlenflügel. Überhaupt sei die negative Bewertung von Ereignissen eine Aktivität des eigenen Geistes. Das Ereignis selber sei weder positiv, noch negativ, es sei einfach. So kann man sich natürlich darüber aufregen, dass der Zug verspätet oder das Auto in einen Stau geraten ist, da man aber sowieso nichts daran ändern könne, lohnten sich künstliche Emotionen nicht.

Die dargestellte Haltung, gelassen zu empfangen, was nicht zu ändern ist, und zu beeinflussen, was verändert werde kann, ist nachvollziehbar. Wenn Epiktet dies aber z.B. auch auf den Tod des eigenen Kindes anwendet („Ich habe es zurückgegeben.") geht mir das etwas weit. Der Mensch hat meiner Meinung nach in extremen Situationen ein Recht zu trauern, alles andere wäre für mich unmenschlicher Heroismus.

Das biblische Buch Kohelet, voraussichtlich aus dem 3. Jahrhundert vor Christus, ist der Versuch eines jüdischen Weisheitslehrers, die eigene Religion im Licht griechischer Philosophie zu betrachten. Dieser Blick gerät zunächst sehr pessimistisch. Das Leben sei nicht mehr als ein „Windhauch", ein Begriff, der 37-mal in diesem Buch genannt wird. Menschliches Planen auf die Zukunft hin sei unnützes Bemühen, denn niemand habe die Zukunft im Griff. Alles im Leben wandele sich. Spätestens der Tod zerstöre alle Pläne.
Diese Erkenntnis führt bei Kohelet aber nicht zur Resignation. Gerade weil die Zukunft nicht handhabbar ist, ist es notwendig, den wertvollen Augenblick, den Gott einem schenkt, zu genießen. Im Vertrauen auf Gott, dessen Handeln der Mensch nicht durchschauen kann, könne man Gutes und Schlechtes aus seiner Hand annehmen. Mental aus der Gegenwart zu flüchten, versage dem Menschen aber die Gaben, die Gott ihm schenkt.

Jörg Lauster bedauert, dass das Christentum über Jahr-hunderte hinweg die Heiligung durch Leiden in den Mittelpunkt gestellt hat.

Glück war lange kein zentraler Begriff christlicher Theologie. Durch die Betonung präsentischer Eschatologie habe sich das geändert. Ein Vorgeschmack künftiger Erlösung solle schon im Diesseits erfahrbar sein, sonst handele es sich um reine Vertröstung. „Augenblicksglück", das heißt die Erfahrung unendlicher Euphorie, ermögliche einen vertieften Blick in die Wirklichkeit und rufe dazu auf, den eigenen Lebensplan immer neu zu befragen. So gehen Selbstbestimmung und sich bestimmen lassen Hand in Hand. Das Wesen menschlicher Existenz sei nämlich immer schon mehr als das, was der Mensch in bewusster Lebensplanung anstreben kann. Es gebe einen Mehrwert des Lebens, der in Augenblicken äußersten Glücks aufscheint. Dieser Mehrwert ist aber nicht herstellbar, er muss empfangen werden. Dass Leben, trotz aller Irr- und Umwege, gelingen wird, ist ein Vertrauen, das aus den Glückserfahrungen erwächst. So entsteht Glück nicht aus den Anstrengungen des Menschen, sondern diese werden umgekehrt durch die Glückserfahrungen, die ihm geschenkt sind, motiviert.

5 Zueinander – Ineinander (Aspekte der Sexualethik)

5.1 Alles an dir ist schön

Grundlage: Hld 3,1-5; 4,1-5.9-15; 8,6f.

Das Hohelied ist eine Sammlung von Liebesgedichten, deren Teile wohl innerhalb mehrerer Jahrhunderte in gebildeten Kreisen der Oberschicht Israels entstanden und im 3./2. Jh. v. Chr. zum heutigen Buch montiert worden sind. Eine einheitliche Dramaturgie bzw. ein Gebrauchszweck (z.B. für eine Hochzeitsfeier) ist jeweils nur für Ausschnitte zu rekonstruieren. Weil die Gedichte mit ihrer „schlüpfrigen" Thematik später Anstoß erregten, neigte man dazu, die Texte spirituell zu verstehen. Sie hätten, so sagte man, in Wahrheit das Liebesverhältnis von Gott und Israel (bzw. der Kirche) oder auch die Liebe zwischen Gott und der Seele des einzelnen Menschen im Blick. So konnte das Buch den Kanonisierungsprozess der Bibel (1./2. Jh. n. Chr.) überstehen. In der mittelalterlichen Mystik war diese allegorische Deutung sehr fruchtbar.

Heute sieht man wieder, was das Hohelied ist: eine Gedichtsammlung säkularer Liebe in einem Buch göttlicher Offenbarung. Aber gibt es für einen religiösen Menschen einen Bereich elementar menschlichen Lebens, der nicht religiös ist? Gott hat den Menschen in seiner Geschlechtlichkeit geschaffen (Gen 1,27) und dieses Werk als „sehr gut" befunden. Dass es Mann und Frau also zueinander zieht und sie sich zu vereinigen suchen, entspringt göttlichem Wünschen und Planen. Auch wenn das Wort Gott im ganzen Buch kein einziges Mal vorkommt, wohnt der Liebe zwischen Mann und Frau dennoch göttliche Kraft inne. Das muss in den Gedichten nicht extra hervorgehoben werden.

Hld 3,1-5 stellt dar, wie die junge Frau nachts Sehnsucht nach ihrem Geliebten bekommt und durch die Straßen läuft, bis sie ihn in ihr Zimmer holen kann. Realistisch betrachtet mag es mehr der Inhalt eines Traumes sein, doch die Poesie, die ihre eigene Wirklichkeit schafft, stellt es dem Leser als Realität vor Augen. Zwischen „suchen" und „finden" (jeweils vier Mal in diesem Gedicht) lässt sich die innere Bewegung der Sehnsucht verfolgen. Die Frau liebt den jungen Mann mit ihrer ganzen nephesch, wörtlich ihrer Kehle, also ihrer Leidenschaft. Alles an ihr, Denken und Fühlen, emotionales Verlangen und körperliches Begehren richtet sich auf diesen einen Menschen aus. Die semitische Anthropologie kennt keinen Unterschied von Körper und Geist, sie sieht die Person als ganze. Diese Frau hat mit allen ihren Sinnen Verlangen nach ihrem Geliebten, möchte ihn „mit Haut und Haar", mit allem, was ihn ausmacht.

Dieses Begehren ist so mächtig, dass es gesellschaftliche Konventionen durchbricht. Von den Wächtern der Stadt, die nachts herumstreifende Frauen auch schon mal verprügeln konnten (vgl. Hld 5,7), lässt sie sich nicht aufhalten, auch nicht von ihrer zunächst erfolglosen Suche. Die Heftigkeit ihrer Leidenschaft wird deutlich, als sie ihn – endlich gefunden - „packt" und nicht mehr loslässt. Die Beschwörung der „Töchter Jerusalems", die Liebe nicht zu stören, erinnert an die Schilder, die an die Tür von Hotelzimmern gehängt werden können. Was dahinter geschieht, kann man sich denken.

In Hld 4,1-5 beschreibt ein männliches lyrisches Ich seine Freundin in poetischen Bildern. Er betrachtet sie von oben bis unten (genauer: vom Haar bis zu den Brüsten) und findet sie vollkommen (vgl. Hld 4,7: „nichts an dir stört"). Die zahlreichen Bilder sollen dabei nicht helfen, sich das genaue Aussehen der Frau vorzustellen, sondern sie verdeutlichen mehr ihre Eigenschaften, die innere Kraft, also das, was den Mann zu ihr zieht. So steht der Vergleich mit einer Herde schwarzer Ziegen im Gileadgebirge für ihr Temperament, ihre Wildheit, die sich kaum bändigen lässt. Der Hinweis auf ihre schönen Lippen („rote Bänder") schließt die Worte, die aus ihrem Munde kommen, ein. Geistreiche und einfühlsame Worte, die ihre Liebe unterstreichen, sind mindestens ähnlich wichtig wie der Schwung von Ober- und Unterlippe.

Aber auch der Stolz der Frau, die nicht immer nahbar ist, wird deutlich. Der aufrechte Hals steht für ihre Haltung, sich selbst treu zu bleiben. In eine ähnliche Richtung geht der zwei Mal erwähnte „Schleier", doch wird betont, dass er das Wesentliche, den verliebten Blick, nicht verbergen kann.

Die weiblichen Brüste stehen für die Fähigkeit der Frau, Leben zu schenken und zu bewahren. Der etwas ungewohnte Ver-gleich mit Gazellen und Lotus (in der Einheitsübersetzung leider Lilien) betont das. Gazellen sind in der Lage, auch in karger, lebensfeindlicher Umgebung zu überleben. Und die wunderschöne Lotusblüte wächst aus dem schmutzigen Schlamm heraus, ein Lebenswunder.

Die Übersetzung „Verzaubert hast du mich" in Hld 4,9 ist zu schwach. Richtiger wäre: „Du machst mich verrückt." Der junge Mann kann seinen Blick nicht abwenden, was er sieht, „bringt ihn um den Verstand". Der Kuss der Geliebten versetzt ihn wieder in den Zustand des Paradieses, die Lippen schmecken wie Milch und Honig. In der Grenzerfahrung der Liebe begegnet das lyrische Ich dem Göttlichen.

In Hld 4,12-15 vergleicht der Mann die Frau mit einem üppig blühenden Garten und zugleich mit der Quelle, die ihn bewässert. Vorbild der Schilderung sind nicht Privatgärten etwas vornehmerer Personen, sondern königliche Lustgärten, die alle exotischen Pflanzen versammeln, die für Auge und Geruch angenehm sind. Auch die eigene Quelle des Gartens ist etwas Besonderes. Die Lust, sich an der Liebe der Frau zu erfrischen, kann allein das lyrische Ich genießen.

Hld 8,6f. verdeutlicht die Macht, die Urgewalt der Liebe. So wie der Tod unerbittlich kommt und niemanden verschont, so lässt auch die Liebe niemanden, den sie ergriffen hat, wieder los. Sie lässt sich nicht erzwingen, aber auch nicht bezwingen. Sie lässt erahnen, dass es gegen den Tod ein Übergewicht des Lebens gibt. Die unbedingte Liebe von Mann und Frau öffnet den Blick für die Transzendenz Gottes.

Interessant ist, was in den Gedichten des Hohenliedes nicht erwähnt wird. Weder wird von Hochzeit oder Ehe gesprochen noch von Zeugung und Nachkommenschaft. Die Vereinigung zweier Liebender steht für sich und gewinnt ihren Sinn in sich. Sie betrifft alle Facetten des Menschen, Leib und Seele. Diese Anziehung wird weder in leibfeindlicher Weise kritisiert noch domestiziert. Und die Gedichte stellen mit wechselndem lyrischen Ich Mann und Frau völlig gleich. Ein patriarchalisches Übergewicht des Mannes ist nirgends zu erkennen.

Selbstverständlich ist in den Schriften des AT die gegensätzliche Tendenz häufiger. Gerade die Weisheitstexte der hellenistischen Zeit (z.B. das Buch der Sprichwörter oder das Buch Kohelet) reagieren auf die Herausforderung der griechisch geprägten Mehrheitskultur mit einem etwas starren Festhalten an den überlieferten semitischen Gesellschaftsstrukturen. So wird die Leidenschaft der Frau als Gefährdung des Mannes gesehen, der „von Sinnen" ist und daher seinen klugen Lebens-weg verlässt.

5.2 Nur zur Fortpflanzung?

Grundlage: Herbert Haag – Katharina Elliger: „Stört nicht die
Liebe"
Ebehard Schockenhoff: Die Kunst zu lieben

Jesus geht nicht auf Fragen der Sexualität ein. Er nimmt sie wohl als selbstverständlich hin, so dass es sich nicht lohnt, viele Worte auf sie zu verschwenden. Auch die Ehe erwähnt er kaum. Seine Kritik an der Ehescheidung reagiert in erster Linie auf das ungleiche Machtverhältnis der Geschlechter, das es dem Mann erlaubt, sich von seiner Frau (zu ihrem Schaden) zu trennen. Es geht ihm also darum, die Rechte der Frau zu schützen, was heute nicht immer geschieht, wenn die Katholische Kirche die Scheidung (bzw. Wiederverheiratung) verbietet. Zur Institution der Familie hatte Jesus eine äußerst distanzierte Haltung. Das galt einerseits für sein Verhältnis zu seiner eigenen Familie, der er die „neue Familie" seiner Jüngerschar vorzog (z.B. Mk 3,33-35). Redensartlich gesprochen war für ihn das Wasser deutlich dicker als das Blut. Damit reagierte er sicher auf das verständnislose Verhalten seiner Mutter und seiner Brüder gegenüber seiner Mission (Mk 3,21.31), es scheint aber auch seine grundsätzliche Priorität gewesen zu sein. Andererseits wird die Distanz zur Familie aber auch in Ratschlägen deutlich, die Jesus anderen Menschen gegeben hat (z.B. Lk 9,60). Hier drückt sich allerdings die Erwartung des baldigen Endes aus: Gott ist jetzt barmherzig, und der Mensch solle die kurze Zeit nicht mit weniger Wichtigem verstreichen lassen.

Als sich die Zeit hinzog und sich christliche Gemeinden konstituieren mussten, wurde das Bedürfnis nach einer familiären Lebensordnung immer größer. Da Jesus keine Vorgaben gemacht hatte, lieh man sich Regeln für das Zusammenleben von den Traditionen und Philosophien der nichtchristlichen Umgebung. So konnte man den misstrauischen Zeitgenossen auch beweisen, dass Christen „normal" sind. Paulus und die späteren Autoren, die sich auf ihn beriefen, übernahmen daher die damalige Gesellschaftsordnung. Wie Paulus die Institution der Sklaverei nicht in Frage stellte (Phlm), so änderte er auch die patriarchalische Überordnung des Mannes über die Frau bzw. des Vaters über die Kinder nicht, weichte sie aber gleichzeitig durch das Gebot gegenseitiger Liebe und des Verständnisses füreinander auf. Soweit sich die Familien daran hielten, erschienen sie daher nach außen völlig normal, während im Innern eine gewisse Gleichheit gegeben war.

Die Sexualität wurde in allen Kulturen zwiespältig erlebt, einerseits als faszinierendes, beglückendes Erlebnis, andererseits als dämonischer Verlust von Verstand und Sinnen. Der Begriff „überwältigt von Lust" kann sowohl den positiven wie den negativen Aspekt verdeutlichen. Wer Wert auf seine Würde, seine reflektierte Entscheidungsfähigkeit legte, konnte zu starke sexuelle Lust als Gefährdung ansehen. Daher entwickelten die Platoniker einen starren Dualismus von Geist und Körper, die Stoiker sahen die angestrebte Gemütsruhe durch Sexualität gefährdet.

Auch die jüdischen Reinheitsgesetze riefen zur Vorsicht auf. Allerdings werteten sie die Sexualität nicht grundsätzlich als schlecht, doch verhinderten die mit ihr verbundenen Absonderungen die Fähigkeit zu kultischen Handlungen. Samen und Blut bedeuten Leben; ihr Verlust verringert Lebenskraft. Zudem gab es eine alte, magische Vorstellung, dass dämonische Kräfte die Fortpflanzung lenken. Denn ohne dass man den Mechanismus verstünde oder regulierend eingreifen könnte, bedeutet sexuelle Vereinigung Leben oder auch Tod.

Der hochgebildete Theologe Clemens von Alexandrien (ca. 150-215) versuchte den christlichen Glauben mit dem Erbe antiker Bildung zu verknüpfen. In Auseinandersetzung mit einer leibfeindlichen Tendenz seiner Zeit hält er den Wert der Sexualität aufrecht, begrenzt sie aber auf das Ziel der Fortpflanzung. Gott habe den Trieb des Menschen geschaffen, um ihn dazu zu verlocken, Kinder zu zeugen. Da aber jedes Organ des Menschen nur für einen Zweck geschaffen sei, so sei es ein Missbrauch göttlichen Willens, die Geschlechtsorgane alleine zur eigenen Lust zu gebrauchen. Geschlechtliche Aktivitäten sollten ebenso von der Vernunft geleitet werden wie die Nahrungsaufnahme, die zur Lebenserhaltung des Menschen und nicht zu ungezügelter Völlerei gedacht sei. So fordert Clemens eine Ehe, die frei von allen Leidenschaften ist und in der in distanzierter Überlegtheit die Aufgabe familiärer Planung gemanagt wird.

Der Theologe Augustinus (354-430) bestimmte weitgehend die Sexualmoral der Kirche. Seine Auffassung war durch die eigene Lebenserfahrung bestimmt, in der er seine relativ späte Bekehrung zum Christentum als Abkehr von zügelloser sexueller Betätigung interpretierte. Er forderte daher als Ideal, alle Körpervorgänge der vernünftigen Kontrolle des Willens zu unterwerfen. Zwar sei die menschliche Zeugungskraft von Gott geschaffen, die damit verbundene Erregung und Lust seien aber Gottes Strafe für den Sündenfall Adams und Evas. Trieben und beunruhigenden Phantasien ausgesetzt zu sein, erniedrige den Menschen und demütige ihn wegen seiner Sünden. So sei Sexualität ein Aufstand des Fleisches gegen den Geist. Sexuelle Vereinigung sei aber zu tolerieren, wenn sie in der Ehe mit dem Wunsch, Kinder zu zeugen, praktiziert werde. Nachkommen-schaft, Treue und sakramentaler Beistand Gottes seien daher die „Ehegüter". Die gegenseitige Liebe spielt in diesen Ausführungen keine Rolle.

Erst das Zweite Vatikanische Konzil gestand ein, dass neben der Fortpflanzung und auch ohne sie die lustvolle Kommunikation der Ehepartner ein wichtiges Ziel der Sexualität darstelle. Als elementare Sprache der Liebe bedürfe sie keiner äußeren

Legitimation. Indem sich die Eheleute gegenseitig ohne Vorbehalt und in allen ihren Dimensionen annähmen, seien sie füreinander der Ort geworden, an dem sie Gottes Liebe und Nähe erfahren.

Heutige Psychologen sehen die Sexualität vor allem als Ressource zur Lösung existentieller Aufgaben. Es gehe nicht nur und nicht vorrangig um die Befriedigung eines im Körper befindlichen Triebes (wie von Freud angenommen), sondern in erster Linie um die Erfahrung von Begegnung. Für das Kind geht das Begehrt-Werden dem Begehren voraus. Die unvermeidliche Trennung vom Elternhaus und der damit verbundene Schmerz rufe nach einer Beziehung mit einer neuen Bezugsperson. Entsprechend bezeichnet der Soziologe Günter Dux (geb. 1933) den Menschen als ein Wesen, das der Intimität bedürftig ist. Was der herangewachsene Mensch an Symbiose verloren habe, versucht er, sich neu zu verwirklichen. Die so entstehende Intimität hilft ihm, die Anforderungen und „Anfeindungen" einer Umwelt, die keine Geborgenheit vermittelt, zu bestehen. Das intime Verhältnis zum Anderen schließt dabei die Körperlichkeit mit ein. Die Liebe und das Begehren des Partners bestätigten das So-Sein des Menschen und vermittelten ihm wichtige Hilfe, um zwischen dem privaten Refugium und der äußeren Welt seine Identität zu finden. Vertrauen und Verlässlichkeit seien wichtig, um die Erfahrung von Fremdheit der Welt ertragen zu können. Die Sorge für die Bedürfnisse des anderen und die gemeinsame

Lebensführung gehen dabei über den reinen sexuellen Trieb weit hinaus. Umgekehrt erweist sich Sexualität als ein Hilfsmittel, um psychische und soziale Grundbedürfnisse des Menschen erfüllen zu können.

Die Scheidungsrate in Deutschland liegt bei ca. 40%. Bei einer solch unsicheren Erfolgsaussicht habe ich mich immer gefragt, warum so viele Menschen heiraten wollen. Wir würden kaum ein Medikament oder einen Impfstoff akzeptieren, wenn eine 40-prozentige Gefahr auf gravierende Nebenwirkungen bis zum möglichen Tode hin gegeben wäre. Und eine Operation, die mit 40-prozentiger Wahrscheinlichkeit zu einer Verschlechterung der gesundheitlichen Situation oder zum Tod führen könnte, würden wir nur ausführen lassen, wenn es gar nicht anders ginge. Warum feiern also Eheleute voller Begeisterung ihre Hochzeit, statt sorgenvoll in die gemeinsame Zukunft zu blicken?

Der Gedanke, die eigene Ehe werde bestimmt von Dauer sein, mag manchmal naiv sein, sie entspricht aber dem Wesen der Liebe. Wenn zwei Menschen sich lieben, wünschen sie sich Dauer und Ausschließlichkeit ihrer Beziehung. Liebe, die von vornherein auf Zeit geplant ist, ist keine Liebe. Im optimalen Fall wird das Hormon Dopamin, das die Begeisterung für den Partner erzeugt, im Laufe der Zeit abgelöst durch das Oxytocin, das eine dauerhafte Bindung bestärkt. Gerade dieser Umbruch gelingt aber nicht immer. Übertriebene Erwartungen und versäumte

Gespräche gegenseitiger Klärung lassen häufig die anfängliche Begeisterung in Enttäuschung enden. Ehen können scheitern, das wissen alle. Aufgabe der Kirche wäre es hier, den Menschen auch in diesem Scheitern beizustehen und sie nicht zusätzlich auszusondern.

Gerade die gescheiterte, aber auch die dauerhafte Liebe weisen aber über sich hinaus. In der Begegnung mit dem anderen fühlt sich der Mensch bejaht und angenommen und nimmt seinerseits seinen Partner an. Und doch wäre es wahrscheinlich zu hoch gegriffen, den Begriff „bedingungslos" in diesen Satz einzufügen. Es bleibt ein Rest, eine Erwartung. C.S. Lewis sagte: „Der Eros verspricht etwas, das er selber nicht zu geben vermag." Mit dem Partner – vielleicht nur kurzfristig – körperlich und seelisch zu verschmelzen, sich in diese Liebe ohne Vorbehalte hineinfallen zu lassen, wird so zum Bild für die Liebe Gottes zum Menschen.

5.3 Außerehelicher Geschlechtsverkehr

Grundlage: Herbert Haag – Katharina Elliger: „Stört nicht die
Liebe"
Rudolf Ginters: Werte und Normen

Hinweise, die vorehelichen Geschlechtsverkehr grundsätzlich ausschließen, finden wir in der Bibel nicht. Das sechste Gebot des Dekalogs (Ex 20,14) verbietet den sexuellen Verkehr eines Mannes mit einer Frau, die mit einem anderen verheiratet (oder verlobt) ist. Diese Bestimmung für andere Aspekte einer Sexual- oder Ehemoral heranzuziehen, werden ihr nicht gerecht. Auch Jesus geht auf die Thematik nicht ein. Biblische Erzählungen vermitteln ebenfalls nicht den Eindruck, dass außerehelicher Geschlechtsverkehr verboten wäre. Lediglich Vergewaltigung wird kritisiert und bestraft (Gen 34,1ff.). Eine Notwendigkeit, als Jungfrau in die Ehe zu treten, bestand für israelitische Mädchen ebenso wenig wie in den Ländern der Umgebung, z.B. in Ägypten. Papst Kalixtus (217-222) erlaubte in Übereinstimmung mit dem römischen Gesetz das Konkubinat für christliche Männer aus vornehmer Familie. Ihnen war nämlich verboten, Frauen niederer Herkunft zu heiraten, wenn sie ihren sozialen Status behalten wollten. Das Konkubinat konnte jederzeit aufgelöst werden, wenn der Mann eine standesgemäße Heirat einging. Der Papst legte lediglich Wert darauf, dass der Mann gleichzeitig nur eine einzige sexuelle Bindung hatte.

Im ländlichen Bereich des Mittelalters wurden jungen Leuten „Probenächte" zugestanden, damit festgestellt werden konnte, ob sie zueinander passten. In der Zeit der Verlobung waren sexuelle Kontakte selbstverständlich.

Wie es kein göttliches Gesetz gibt, das außerehelichen sexuellen Verkehr grundsätzlich verbietet, so kann man sich auch nicht auf ein „Naturrecht" berufen. Abgesehen davon, dass es im Tierreich monogame und nichtmonogame Arten gibt, die Natur also beide Möglichkeiten offenlässt, sagt die reine Faktizität noch nichts über die moralische Qualität einer Handlung aus (vgl. dazu auch 5.4). Die Argumentation mit dem Wohl der Kinder ist gewichtig, doch ist längst erwiesen, dass auch Paare ohne Trauschein sich intensiv um das Wohl und die Erziehung der Kinder kümmern können, ebenso wie es unverheiratete Paare gibt, die sich auf Dauer treu bleiben. Außerdem ist es heute möglich, ungewollte Schwangerschaften zu vermeiden.

Der Moraltheologe Rudolf Ginters (geb. 1939) betont den Ausdruckscharakter von Sexualität. Sie stelle die enge Beziehung und die Gefühle zweier Menschen äußerlich dar und festige gleichzeitig die gegenseitige Nähe. Ginters sieht sie also nicht als eine Art „Partnerturnen" zum Abbau eigener Spannungen, sondern ihre Einordnung in den Zusammenhang geistig-seelischer Beziehung zum anderen. Sexualität drücke Liebe aus und sei ohne Liebe unehrlich. Wer regelmäßig mit unterschiedlichen Partnern schlafe, entwerte bzw. verliere die Ausdrucksmöglichkeiten sexueller Handlungen.

Liebe ziele aber auf die Bereitschaft zu einer dauerhaften Beziehung. Sie bedeute „Bindung zu einer Lebensgemeinschaft, zu einer Wirtschaftsgemeinschaft, zu einer Geschlechts- und Erziehungsgemeinschaft" sowie zu einer „emotionalen Gemeinschaft in der Form einer dauerhaften Freundschaft". Dies alles sei auch ohne Trauschein möglich, erhalte aber in einer Ehe einen festen Rahmen. Richtig gelebt, garantiere sie eine gleichberechtigte Rolle der Partner sowie eine stabile Geborgenheit mit dem Willen, auch über schwankende Gefühle hinweg verlässliche Partner zu bleiben. Für Kinder biete sie einen überschaubaren, verlässlichen Kreis an Bezugspersonen. Auch bei einer Beziehung ohne Trauschein müsse man daher feste Abmachungen treffen. Ein Paar, das den festen Willen habe zusammenzubleiben, könne sich konsequent gleich für die Ehe entscheiden.

Eine Liebesbeziehung ohne Zeichen der Zuneigung sei zwar theoretisch möglich, aber eine verkürzte Form von Liebe. Daher komme dem Geschlechtsverkehr eine fundamentale Bedeutung als intimster Ausdruckshandlung der Liebe zu. Allerdings setzt das auch die Fähigkeit voraus, diese Handlung den eigenen Gefühlen gemäß und zur Befriedigung des Partners auszuführen. Allein der Akt der Trauung vermittelt diese Fähigkeit noch nicht. Entsprechend dürfte vorehelicher Geschlechtsverkehr vielen Paaren helfen, die nötigen Voraus-setzungen für eine leib-seelische Begegnung in der Ehe zu schaffen.

5.4 Gleichgeschlechtliche Liebe

Grundlage: Herbert Haag – Katharina Elliger: „Stört nicht die
Liebe"

Adrian Holderegger: Homosexualität

Gleichgeschlechtliche Sexualität unter Männern wird in der Bibel ausdrücklich verdammt. Das ist ein Problem und hat bis heute die Haltung der Kirche beeinflusst und viel Leid verursacht. Dabei gehen Jesus und die Evangelien auch auf diese Thematik nicht ein. Die Gier, reisenden Fremden gleichgeschlechtliche Praktiken aufzuzwingen, gehört zu den Vergehen, die zur Zerstörung der Stadt Sodom geführt haben (Gen 19,4ff.). Die Verfasser der relativ jungen Heiligungsgesetze aus dem Buch Levitikus verdammen Sexualität unter Männern und bedrohen sie mit der Todesstrafe (Lev 18,22;20,13). Für Paulus widerspricht diese sexuelle Praxis der göttlichen Schöpfungsordnung (Röm 1,26f.).

Wie diese Textstellen zu bewerten sind, ist freilich umstritten. Geschlechtlicher Verkehr unter Männern war im Alten Orient und vor allem im antiken Griechenland eine normale Variante der Sexualität. In Griechenland nahmen sich erwachsene Männer schöne Knaben, die sie zugleich unterrichteten und in die Welt der Erwachsenen einführten. Knabenliebe war daher eine vorläufige sexuelle Form und hatte stark pädagogische Funktion. Ebenso gab es aber auch im Bereich der Tempel Männer, die sich für Geld prostituierten. Israels Theologen lag daran, sich von diesen

Praktiken der Umgebung abzuheben. Als Glied des Gottesvolkes sollte man sich und den Alltag heiligen. Die Bestimmungen in Lev 18ff. zeigen aber, dass es auch in Israel sexuellen Verkehr unter Männern gegeben hat, denn sonst wäre das Verbot nicht nötig gewesen.

In Gen 19 spielt der Verstoß gegen das Gastrecht die entscheidende Rolle, weniger die sexuelle Handlung selber. Während Abraham zuvor die drei Reisenden voller Achtung empfangen, gespeist und geschützt hat (Gen 18,1ff.) und sein Neffe Lot in Sodom genauso handelt (Gen 19,1ff.), sehen die anderen Bewohner der Stadt nur ihre eigene sexuelle Begierde und versuchen, den Männern Gewalt anzutun.

Die traditionellen Sippenverbände bestimmten bis in die späte Zeit hinein die israelitische Gesellschaft. Innerhalb dieses Bereiches spielte das Fortbestehen der Familie durch zahlreiche Nachkommenschaft eine zentrale Rolle. In homosexuellen Handlungen sah man dieses Ziel gefährdet. Zugleich galten alle Formen der Tempelprostitution als Götzendienst, der die Strafe des einzigen Gottes Israels hervorrief. Denn der dort erfolgende Verkehr war Teil des Dienstes für die jeweilige Gottheit.

Allen biblischen Stellen gemeinsam ist aber, dass stets von homosexuellen Praktiken, nie von homosexueller Liebe die Rede ist (wie Paulus auch bei der Ehe nicht auf die Liebe eingeht). Die Autoren gingen davon aus, dass grundsätzlich heterosexuelle Männer manchmal homosexuelle Erfahrungen suchten, um einen besonderen „Kick" zu erleben. Es ist daher naheliegend, dass sie sie auffordern, es einfach zu unterlassen. Gleichgeschlechtliche Liebe und Bindung, spezielle gleich-geschlechtliche Veranlagung kommen aber auf der Grundlage der damaligen „Kenntnisse" nicht in den Blick. Außerdem wird stets die Sexualität unter Männern thematisiert, nicht die unter Frauen. Sie gab es auch, störte aber niemanden.

Heute wissen wir, dass homosexuelles Verhalten auch bei vielen Tierarten eine Variante darstellt, die offensichtlich evolutionär eine Funktion hat. Nun gilt auch hier, dass man vom bloßen Vorkommen in der Natur nicht sofort auf eine moralische Richtigkeit schließen kann, doch dürfte der Kritik, gleichgeschlechtliche Liebe widerspreche der göttlichen Schöpfungsordnung, der Boden entzogen sein. Leider gibt es bis heute nur Theorien, wie eine homoerotische Veranlagung entsteht. Untersuchungen (angefangen beim Kinsey-Report 1948) haben gezeigt, dass eine erhebliche Zahl von Menschen mindestens bisexuelle Veranlagungen hat. Da aber statistische Zahlen von Befragung zu Befragung stark variieren, ist davon auszugehen, dass die Entstehung homosexueller Neigungen zumindest auch gesellschaftliche Gründe hat. In jedem Fall ist Homosexualität keine psychische Erkrankung, die man heilen sollte bzw. könnte, eine Auffassung, die vor allem im 19./20. Jahrhundert eine wichtige Rolle gespielt hat.

In den vorauf gegangenen Kapiteln wurde deutlich, dass die Bereitschaft zu Bindung und Treue ein wichtiges Kriterium für Geschlechtsverkehr und ähnliche sexuelle Handlungen darstellt. Da gleichgeschlechtliche Partner dieselben Ideale verfolgen und dazu auch in der Lage sind, da zugleich gleiche Geschlechtlichkeit als natürliche Variante gegeben ist, sollte man solchen Paaren dieselben Rechte einräumen wie heterosexuellen Paaren, auch in der Kirche. Nicht die geschlechtliche Veranlagung kann sündig sein, sondern höchstens die Art, wie sie gelebt wird (durch Untreue, Gewalt, Unterdrückung, Missbrauch).

5.5 Selbstbefriedigung
Grundlage: Konrad Hilpert: Selbstbefriedigung

Die Bibel thematisiert das Thema Selbstbefriedigung (Ipsation) nicht. Die vielfach herangeführte Textstelle Gen 38,1-10 zielt in eine andere Richtung: Onan wird von Gott bestraft, weil er sich weigert, seinem toten Bruder ein Kind zu zeugen. Es handelt sich also um einen coitus interruptus (einen abgebrochenen Geschlechtsverkehr). Ansonsten spielen nur noch die Reinheitsvorschriften eine Rolle, dass Samenerguss (wie auch immer er zustande kommt) für die Kultausübung unrein macht und eine Reinigung erfordert.

Selbstbefriedigung ist bei einer hohen Anzahl junger Menschen (bei Jungen mehr als bei Mädchen) selbstverständliche Praxis. Sie war es auch in langen Phasen der Weltgeschichte. Erst ab dem 18. Jahrhundert versuchten zunächst Mediziner, die Ipsation zu problematisieren und als moralisch verwerflich zu brandmarken. Die Kirchen haben traurigerweise diese Bewertung übernommen und halten bis heute – wenn auch in abgemilderter Weise – an ihr fest. Die Vorstellung, die Ipsation fördere bestimmte Krankheiten, hat sich längst als falsch herausgestellt. So bestand z.B. im 19. Jahrhundert die These, Gehirn und Genitalien stünden in einem umgekehrt proportionalen Verhältnis zueinander. Wenn also die Geschlechtsteile sehr aktiv seien, verblöde das Denkvermögen.

Heutige Wissenschaftler sind der Überzeugung, die Selbstbefriedigung habe nicht nur keine negativen Auswirkungen, sondern wirke im Gegenteil positiv bei der geschlechtlichen Reifung des Jugendlichen mit. In einer Zeit, in der durch die Bedürfnisse komplexer Bildung Ehe und Familie über Jahre hinausgeschoben werden, kann der junge Mensch die Liebes- und Orgasmusfähigkeit seines Körpers erproben und sich seiner eigenen Bedürfnisse gewiss werden. Aber auch in weiterem Alter hat die Ipsation mögliche Funktionen: Minderwertigkeits-gefühle oder Einsamkeit zu kompensieren, Phantasien auszuleben, Spannungen abzubauen. Nicht die Selbstbefriedigung, sondern der zwanghafte Verzicht auf sie kann krank machen.

Das Argument, der autoerotisch Befriedigte verlöre das Bedürfnis, überhaupt noch eine Partnerschaft einzugehen, weist lediglich darauf hin, dass eine vernünftige Erziehung, in der auch sexuelle Aspekte besprochen werden, notwendig ist.

Die Verurteilung durch die Kirche, verursacht durch deren grundlegend negative Sicht der Sexualität und ihre Fixierung auf die Fortpflanzung, kann nicht gehalten werden.

5.6 Geschäft mit Sex?

Grundlage: Herbert Haag – Katharina Elliger: „Stört nicht die Liebe"

Prostitution ist sozusagen als Kehrseite monogamer Ehe in allen Kulturnationen von frühester Zeit an vorhanden. Nicht umsonst spricht man redensartlich vom „ältesten Gewerbe der Welt". Für den antiken Menschen – und das gilt auch für Israel – gehörte die Prostitution selbstverständlich zum Alltag und wurde nicht weiter hinterfragt. Mit einer Prostituierten zu schlafen, galt für den Israeliten nicht als Ehebruch, jedenfalls wenn diese Frau nicht verheiratet war. Zwar bewertete man den Dienst der (auch männlichen) Prostituierten als demütigend und blickte daher häufig auf sie herab, diese Geringschätzung bezog sich aber nicht auf die Handlung und nicht auf die Person der „Freier". Die Prostituierten selber reagierten häufig auf eine Notlage, z.B. weil sie von ihrem Mann verstoßen wurden, es ging aber teilweise auch nur darum, die Familienkasse aufzufüllen.

Negativ beurteilte Israel allerdings die in der Umwelt verbreitete Tempelprostitution. Junge Frauen, häufig Sklavinnen, boten im Rahmen des Tempelkultes ihre Dienste an; die Einnahmen flossen in den Tempelschatz. Der Freier hatte gleichzeitig einen Dienst für die Gottheit geleistet. Im alten Orient gab es zudem am Neujahrstag die „heilige Hochzeit". Zentrum dieser Feier war der Geschlechtsverkehr des Königs mit der Oberpriesterin mit dem Ziel, die Fruchtbarkeit des Landes für das kommende Jahr positiv zu beeinflussen. Am Fuße des Tempelberges boten zugleich Prostituierte ihre Dienste Privatpersonen an, denen es um die Fruchtbarkeit des eigenen Landes, des Viehs und der Familie ging. Die biblischen Schriften lehnen diese Praktiken energisch ab, nicht weil sie das sexuelle Geschehen stört, sondern weil sie Götzendienst verbieten wollen.

Jesus äußerte sich zur Prostitution nicht, hatte aber keine Skrupel, mit Prostituierten alltäglichen Kontakt zu pflegen. Im Gegensatz zu anderen Menschen, die ihre Schwächen verstecken und versuchen, ihren Mitmenschen etwas vorzu-machen, zeigten sich diese Frauen echt und ungekünstelt. Deshalb sieht Jesus das Reich Gottes für sie näher als für die Pharisäer (Mt 21,31f.). Er erkennt nicht nur ihre Heilsbedürftigkeit, sondern auch ihre Heilsfähigkeit.

Paulus lehnte Prostitution ab, weil sie in Griechenland sehr verbreitet am Tempel stattfand, weil er aber auch insgesamt ein negatives Bild von Sexualität hatte. Seine Begründung ist rein christologisch. Weil der Christ in der Taufe „Christus angezogen" hat, sei jede Form der „Unzucht" ein Vergehen an Christus selber. Alle anderen Sünden begingen Christen mit dem Körper, diese Sünde aber am Körper. Insofern sind sexuelle Vergehen für Paulus schlimmer als z.B. ein Mord. Die Ehe hat für ihn daher lediglich einen (formal) negativen Wert: Sie ist der Ort, an dem man Unzucht vermeiden könne. Liebe spielt in dieser Argumentation keine Rolle.

Auch im Mittelalter wurde Prostitution nicht in Frage gestellt. Fürsten, Bischöfe und Kommunen bauten ihre eigenen „Frauenhäuser", meist neben der Kirche, um dieses Gewerbe zu reglementieren und von ihm zu verdienen. Teilweise wurde die Prostitution als Beruf anerkannt und hatte eigene Gilden. Verbote gab es nicht. Dabei beriefen sich die Kirchen auf die Auffassungen der theologischen Autoritäten Augustinus und Thomas von Aquin. Beide schätzten diese Form der Sexualität zwar als Sünde ein, sahen aber ihre Funktion als Ventil. Die Vorteile überwögen die Nachteile. Diese Einschätzung änderte sich erst Ende des 15. Jahrhunderts durch die Gefahr der Syphilis und anderer Geschlechtskrankheiten. Allen Versuchen aber, Prostitution zu verbieten bzw. einzudämmen, setzte dieses Gewerbe erfolgreichen Widerstand entgegen.

Es wird also immer Prostitution geben. Dennoch ist sie in erheblichem Maße problembehaftet. Wenn Sexualität bis hin zu Geschlechtsverkehr Ausdruck einer leib-seelischen Paarbeziehung mit dem Wunsch nach Dauer ist (vgl. 5.2), dann ist „käufliche Liebe" eine unvollständige, degenerierte Form sexuellen Handelns. Sie bezieht sich ausschließlich auf den körperlichen Trieb des Kunden und entwertet damit den Ausdruckscharakter der Handlung. Sie ist sozusagen eine „Teillösung" des umfassenden Problems der Einsamkeit. Die Beziehung der zwei Menschen bleibt eine Geschäftsbeziehung, das Geschehen hat Dienstleistungscharakter. Im Extremfall kann ein Beharren auf diesem Dienst die Freier beziehungsunfähig machen, häufiger ist es allerdings eher ein Symptom für eine gescheiterte Beziehungsgeschichte. Allerdings kann der Dienst auch positive Funktionen erfüllen. Von Männern, die ihren Trieb befriedigen, geht in der Regel geringere Gefahr aus. Zudem gibt es soziale bzw. kulturelle Milieus, in denen es üblich ist, Heranwachsende zu erfahrenen Prostituierten zu schicken, um sie im Gebrauch ihrer Geschlechtlichkeit anleiten zu lassen. Dies könnte eine spätere Ehe eher fördern.

Auch die geschäftsmäßige Beziehung zwischen Prostituierter und Freier muss das Kriterium der Menschenwürde achten. Die sexuelle Dienstleistung muss freiwillig und ohne Druck erbracht werden, so dass sich die zwei Menschen auf Augenhöhe begegnen können. Dieser Forderung entspricht die Wirklichkeit oft nicht. Viele dieser Frauen (und auch Männer) werden durch eine Notlage, z.B. ihre Drogensucht, und durch Zuhälter zu einer Praxis gezwungen, die sie eigentlich nicht möchten. Das gilt in besonderem Maße für Sextourismus und den Import fremdländischer „Sexarbeiterinnen" sowie für Kinderprostitution. So kann Prostitution Verbrechen verhindern, sie schafft aber gleichzeitig neue Verbrechen.

Nur kurz möchte ich noch auf das Thema Pornographie eingehen. In der Schwierigkeit, sie von erotischer Literatur bzw. Kunst zu unterscheiden und eine Grenze des Erlaubten zu setzen, zeigt sich der geschichtliche und kulturelle Wandel des Begriffs sexuellen Anstands. Entscheidendes Kriterium kann also auch hier nur die Menschenwürde sein. Pornographische Darstellungen werden teilweise in der Paartherapie angewandt, weil sie sexuell stimulieren. Sie sind außerdem eine mögliche Hilfe, ungewöhnliche sexuelle Wünsche in der Phantasie auszuleben. Sie können aber ebenso unsachgemäße und gefährliche Vorstellungen sexueller Wirklichkeit einprägen (ununterbrochene sexuelle Potenz ohne Bindung und sie begleitende Zärtlichkeit, rücksichtslose Gewalt, Frauenverachtung). Welche Wirkung Pornographie tatsächlich hat (Zunahme von Gewalt, Anstieg der Vergewaltigungszahlen) ist nicht abschließend erforscht.

Auf der anderen Seite ist auch hier natürlich jede Form physischer oder psychischer Gewalt auf Pornodarsteller abzulehnen.

Foto entnommen: